Débarrassée d'entraves mieux
qu'auparavant la maison des
hommes maîtresse de sa forme
s'installe dans la nature
Entière en soi
faisant son affaire de tout sol

dansent la Terre et le Soleil
la danse des quatre saisons
la danse de l'année
la danse des jours de
vingt-quatre heures
le sommet et le gouffre des
solstices
la plaine des équinoxes

Sa valeur est en
ceci : le corps humain
choisi comme support
admissible des nombres
... voilà la proportion
la proportion qui met
de l'ordre dans nos
rapports avec
l'alentour

Pourquoi pas ?
Peu nous chaut
en cette matière
l'avis de la baleine
de l'aigle des rochers
ou celui de l'abeille.

Jean Jenger, ancien élève de l'E.N.A., a été successivement, au ministère de la Culture, chargé de l'enseignement des beaux-arts et de l'architecture, responsable du service de la création architecturale, directeur adjoint de la Caisse nationale des Monuments historiques puis sous-directeur de l'architecture. Il a dirigé, de 1978 à 1986, l'Etablissement public constructeur du musée d'Orsay. Administrateur, depuis 1971, de la Fondation Le Corbusier, il en a assuré la présidence de 1982 à 1988 et de 1990 à 1992. Il est l'auteur de *Orsay, de la gare au musée* (Electa-Moniteur, 1986) et de *Le Corbusier, un autre regard* (Connivences, 1990).

Dépôt légal : septembre 1993
Numéro d'édition : 63261
ISBN : 2-07-053235-6
Imprimerie Kapp Lahure Jombart, à Evreux

LE CORBUSIER
L'ARCHITECTURE POUR ÉMOUVOIR

Jean Jenger

DÉCOUVERTES GALLIMARD
ARCHITECTURE

Paris, 1887, sur l'esplanade du Champ-de-Mars, commence la construction d'une tour de trois cents mètres, dont le nom sera bientôt connu du monde entier : la tour Eiffel ; le 6 octobre, à La Chaux-de-Fonds, dans le canton de Neuchâtel, en Suisse, à quelques kilomètres de la frontière avec la France, naît Charles-Edouard Jeanneret, qui ne s'appelle pas encore Le Corbusier.

CHAPITRE PREMIER
LES RACINES JURASSIENNES

Profondément marqué par les paysages de son enfance, Charles-Edouard Jeanneret les représente dans d'innombrables dessins et aquarelles. La dimension essentielle qu'il conférera à la nature dans toute son œuvre trouve là, sans doute, son origine profonde.

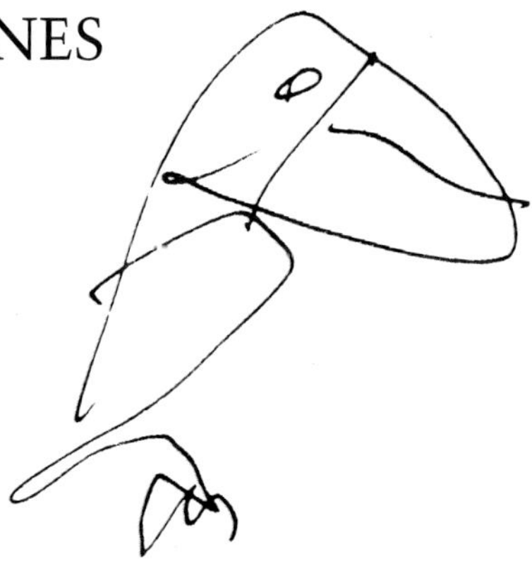

La Chaux-de-Fonds

La Chaux-de-Fonds, petite ville située à près de mille mètres d'altitude dans le rude climat du Jura suisse, compte alors quelque 27000 habitants et consacre la plus large part de ses activités à l'industrie horlogère. Le père de Charles-Edouard, comme l'avait été son propre père, est émailleur de cadrans de montre. Ses ancêtres paternels sont originaires du sud-ouest de la France dont ils ont fui les guerres de religion pour se réfugier dans les montagnes neuchâteloises. La mère de Charles-Edouard, Charlotte Marie Amélie Perret, s'adonne au piano. Sous son influence, Albert, le frère de Charles-Edouard, son aîné de deux ans, deviendra musicien. Certains ancêtres maternels ont vécu en Belgique. A partir du nom de l'un d'eux, Le Corbésier, Charles-Edouard créera en 1920 le pseudonyme sous lequel il signera d'abord ses articles et ses livres, puis ses œuvres plastiques et ses projets architecturaux. Le Corbusier jouera souvent de ce surnom en le rapprochant du nom du corbeau dont il dessinait d'un trait aigu la silhouette.

L'école d'art de La Chaux-de-Fonds forme aux métiers de la décoration des montres. Charles-Edouard se révèle un graveur habile : en 1906, un boîtier qu'il a sculpté (à gauche) obtient un diplôme d'honneur à l'exposition de Milan. Il s'inspire tout d'abord des formes naturelles qu'il puise dans les forêts et les pâturages du Jura, mais il va rapidement en dépasser la simple reproduction (à droite, *Fleurs et feuilles traitées en art décoratif*). L'Eplattenier, son maître, pense que l'artiste doit dégager les structures, l'organisation et les forces essentielles afin d'en retirer l'inspiration d'une création véritable. Ci-dessous, Charles-Edouard Jeanneret (à droite) et son ami Léon Perrin (à gauche). A droite, Charles-Edouard (assis sur le piédestal), son frère Albert et leurs parents en 1889.

Le père de Charles-Edouard, président de la section locale du Club Alpin, est passionné de courses en montagne. Très tôt, il lui avait donné le goût de la découverte des forêts, des vallées et des cimes.

Elève studieux, Charles-Edouard, s'il ne manifeste guère d'intérêt pour l'étude du piano, se consacre souvent au dessin. A treize ans, ses études générales achevées, il est inscrit à l'école d'art de La Chaux-de-Fonds, spécialisée dans les métiers de la décoration et de la gravure des montres.

A l'école d'art : un maître exceptionnel

Charles L'Eplattenier va jouer un rôle décisif sur l'avenir du jeune Charles-Edouard. Agé de vingt-six ans à peine, rentrant de Paris où il a fréquenté l'Ecole nationale des beaux-arts, peintre lui-même, il apprécie profondément les choses de la nature. Il entraîne ses élèves dessiner dans les sous-bois et les prairies du Jura.

Directeur de l'école d'art à partir de 1903, L'Eplattenier inscrit ainsi son enseignement dans une sorte de courant naturaliste, proche du mouvement de l'Art nouveau qui a entrepris, à la fin du XIXe siècle, d'opérer une rénovation de la création artistique en se démarquant des influences historiques ou académiques. Grâce à la multiplication et à l'accélération des échanges, grâce aussi à la diffusion croissante des revues d'art, ce mouvement envahira rapidement toute l'Europe. Gallé et Guimard en France, William Morris en Angleterre, Horta en Belgique, Gaudi en Espagne en seront quelques-uns des plus brillants représentants, avant que Mackintosh à Glasgow, Josef Hoffmann et Otto Wagner à Vienne, Van de Velde et Behrens en Allemagne ne cherchent à en calmer les excès et les exubérances, amorçant ainsi la transition vers le mouvement moderne.

Né au tournant du XIXe et du XXe siècles, marqué dans ses jeunes années par les enseignements de L'Eplattenier pour lequel il éprouve une profonde affection, le jeune Charles-Edouard Jeanneret vivra lui-même une véritable mutation qui infléchira fortement sa personnalité. Le naturalisme auquel ses travaux à l'école d'art de La Chaux-de-Fonds l'avaient préparé disparaîtra rapidement de son œuvre mais l'influence de la nature restera à jamais gravée dans sa sensibilité, dans ses aspirations et dans ses recherches.

Charles L'Eplattenier joue un rôle décisif dans la formation et l'orientation de Charles-Edouard Jeanneret. Il procurera à son jeune élève l'occasion de travailler avec René Chapallaz, architecte local, sur trois premiers projets de construction : les villas Fallet, Jaquemet et Stotzer. La villa Fallet (ci-dessous) se caractérise par un pittoresque évident. La part prise par Jeanneret est difficile à cerner mais un certain nombre d'éléments décoratifs basés sur une stylisation du sapin, de même que la polychromie des pignons, lui sont attribués.

La villa Fallet, première construction

Attiré par la peinture, il se heurte à l'opposition de L'Eplattenier qui s'efforce de l'en dissuader. «L'un de mes maîtres (un maître remarquable) m'arracha doucement à un destin médiocre.

Il voulut faire de moi un architecte. J'avais horreur de l'architecture et des architectes... J'avais seize ans, j'acceptai le verdict et j'obéis ; je m'engageais dans l'architecture.» Charles-Edouard entre donc dans le cours supérieur d'art et de décoration créé en 1905 par L'Eplattenier pour dispenser des enseignements d'architecture et de décoration. Durant les deux années qu'il y passera, l'occasion lui sera offerte d'un premier projet architectural, commandé par Louis Fallet, maître graveur et membre de la Commission de l'école d'art.

Le voyage en Italie

Mais Charles-Edouard ressent le besoin d'élargir son horizon. En 1907, il décide d'entreprendre, grâce aux honoraires perçus pour sa participation à la construction de la villa Fallet, le premier de ses grands voyages. Avec son camarade Léon Perrin, étudiant en sculpture, il gagne la Toscane, dont L'Eplattenier lui a souvent parlé. Il séjourne pendant un mois à Florence. Au-delà des formes et des décors,

Le «Voyage d'Italie» s'inscrit encore, au début du siècle, dans une tradition classique des études d'art ou d'architecture. Charles L'Eplattenier l'a lui-même accompli et en entretient souvent ses étudiants. Charles-Edouard Jeanneret et Léon Perrin entreprennent en septembre 1907 un périple de près de deux mois qui les conduit à Pise, à Sienne (ci-dessus le Duomo) et à Florence, avant de les amener à Ravenne, Bologne, Vérone, Padoue et Venise. C'est pour Charles-Edouard la découverte d'autres lumières, d'autres architectures et d'autres couleurs.

il s'efforce, à travers ses dessins, de déchiffrer l'architecture pour en saisir l'organisation et la logique. «J'ai écrit dans mon calepin au jour le jour mes impressions; c'est une salade qui pourra m'être bien précieuse, j'ai là l'impression du moment, et en relisant je corrige et souvent me rappelle mieux.» Il adresse à ses parents une vingtaine de lettres et à son maître cinq véritables comptes rendus de voyage, de visites et de découvertes. Charles-Edouard sacrifie ainsi à un besoin auquel il répondra toute sa vie : la discipline de l'écriture.

Très jeune encore, il s'est adonné à la lecture, élargissant son esprit à travers la découverte des historiens, des philosophes et des poètes. *L'Art de demain* de Henri Provensal, *Les Sept Lampes de l'architecture* et *Les Matins de Florence* de Ruskin, la *Méthode de composition ornementale* d'Eugène Grasset, la *Grammar of Ornament* d'Owen Jones et le *Voyage en Italie* de Taine influenceront pour longtemps sa réflexion et ses travaux.

De Vienne à Paris

De Florence, Charles-Edouard Jeanneret se rend à Ravenne, Bologne, Vérone et Venise, puis à Budapest

Dans ses lettres à ses parents, dans ses comptes rendus à son maître, Jeanneret analyse ses impressions, son travail, ses recherches. Il annote son guide, le fameux Baedeker, et il multiplie, sur ses carnets de voyage et sur ses cahiers de dessins, notes, croquis, relevés et aquarelles (ci-dessus, une vue de Fiesole). Il s'attache à la dimension des édifices. Il cherche à en comprendre les proportions et les équilibres. Il commente en marge ses dessins. C'est la longue quête d'un jeune esprit, avide d'un savoir nouveau, d'une autre appréhension du monde et de l'architecture.

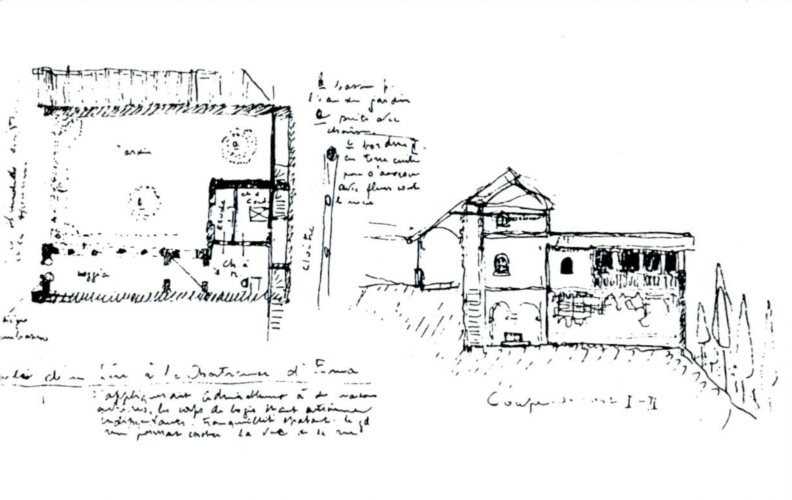

et à Vienne où il séjourne tout l'hiver et où il travaille durant une brève période chez Josef Hoffmann. Il gagne Nuremberg, Munich, Strasbourg, Nancy et Paris, où, disposant de faibles ressources, il s'installe dans une mansarde, rue des Ecoles. Il rencontre Frantz Jourdain, président du Salon d'automne, qui a construit avec un large emploi du fer et du verre les premiers magasins de la Samaritaine, ainsi que Henri Sauvage, qui construira bientôt les immeubles à gradins revêtus de céramique blanche de la rue Vavin. Lors d'un voyage à Lyon, il fait la connaissance de Tony Garnier, jeune architecte dont il découvre avec le plus grand intérêt les travaux sur la «ville industrielle».

Au cours d'un deuxième voyage à Paris, en 1908, Eugène Grasset, auquel il rend visite, le met en relation avec les frères Perret. Auguste, Gustave et Claude Perret s'efforcent, comme quelques autres pionniers de l'emploi du béton armé – François Hennebique, Anatole de Baudot et Coignet en France, Ernest Leslie Ransome

La découverte de la chartreuse d'Ema près de Florence (ci-dessus) est un événement marquant du voyage. Ci-dessous, *Le Burg à Nuremberg.*

aux Etats-Unis –, de dégager toutes les ressources structurelles et plastiques de ce matériau nouveau. S'ils n'ont pas encore réalisé leurs grands ouvrages – le Théâtre des Champs-Elysées en 1911-1913, le Garde-Meubles, ou Mobilier national, en 1934 et le musée des Travaux publics en 1937 –, les Perret ont déjà manifesté une maîtrise exceptionnelle du béton armé en édifiant l'immeuble de la rue Franklin (1903) et le garage de la rue de Ponthieu (1905).

L'agence des frères Perret

Charles-Edouard Jeanneret passe quatorze mois au sein de l'agence Perret. Il découvre les possibilités offertes par le béton armé et une nouvelle démarche de création architecturale. Il réalise que l'architecture doit résoudre dans un processus logique les problèmes que pose la rencontre d'un programme énonçant des besoins avec les possibilités offertes par les techniques. Il ressent de plus en plus vivement l'insuffisance des conceptions formalistes des enseignements de

On a souvent cherché à opposer Le Corbusier et son maître Auguste Perret : le «modernisme» du premier contre l'«académisme» du second. Ils ont, entre autres, une conception différente de la fenêtre, Perret prônant la fenêtre en hauteur, conforme selon lui à la stature de l'homme et adaptée à l'éclairement du fond des pièces, Le Corbusier défendant la fenêtre en longueur, propice à une vision panoramique et à l'éclairement des angles. En 1921, Le Corbusier «campe» Perret devant une fenêtre en longueur!

l'école d'art de La Chaux-de-Fonds. Dans une longue lettre à son maître L'Eplattenier, il exprime ses découvertes et ses troubles. «Arrivé à Paris, je sentis en moi un vide immense et je me dis : "Pauvre ! tu ne sais encore rien, et, hélas, tu ne sais pas ce que tu ne sais pas." Ce fut là mon immense angoisse. Je soupçonnai par l'étude du Roman que l'architecture n'était pas une affaire d'eurythmie des formes, mais... autre chose... quoi ? Je ne le savais pas encore bien...»

L'emploi du béton armé par les ingénieurs remonte au milieu du XIXe siècle, mais les architectes sont encore réticents. En 1903, les frères Perret construisent, rue Franklin à Paris, l'un des premiers immeubles sur une structure en béton armé. Malgré le remplissage en carreaux de grès cérame ornés d'un décor floral, la structure apparente affirme avec force la relation poteaux-poutres.

Le passage de Charles-Edouard Jeanneret dans l'agence Perret constituera donc une étape essentielle dans la mutation de sa personnalité. «Les Perret furent pour moi les fouets.» Aux côtés de ses travaux à mi-temps à l'agence, Charles-Edouard satisfait un besoin inépuisable de connaissance. Il se pénètre, à la lecture de Viollet-le-Duc, de ses idées sur la rationalité structurelle de la construction. Il suit des cours à l'Ecole des beaux-arts et à la Sorbonne, fréquente la Bibliothèque nationale et la bibliothèque Sainte-Geneviève, multiplie les visites de musées, passe des heures entières à gravir les superstructures de Notre-Dame.

Malgré quelques désaccords, Auguste Perret et Le Corbusier ne cesseront guère de se témoigner une estime réciproque. Lorsque Auguste Perret visitera le chantier de l'Unité d'habitation de Marseille, son propos révèle tout à la fois l'idée qu'il se fait de lui-même et de l'importance qu'il reconnaît à Le Corbusier : «Il y a deux architectes en France, l'autre c'est Le Corbusier.»

Son voyage d'études en Allemagne en 1910 et son grand voyage en Orient en 1911 vont permettre au jeune Charles-Edouard Jeanneret d'achever une mutation profonde. Pourtant, il éprouvera le besoin de passer encore cinq ans dans sa ville natale avant de parvenir à couper ses racines jurassiennes et de s'installer à Paris, en 1917. Mais alors, sous Jeanneret, Le Corbusier n'est pas loin de percer.

CHAPITRE II
LA MUTATION

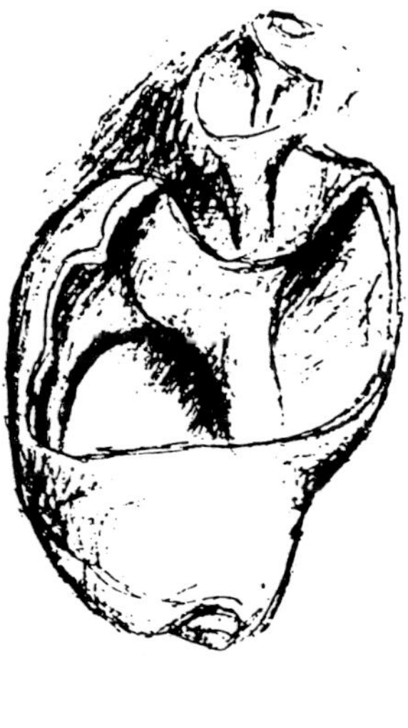

Cet autoportrait représente Charles-Edouard Jeanneret à trente ans, l'année de son installation à Paris. Il a une vue médiocre et va perdre peu à peu presque totalement la vision d'un œil. Il n'a pas encore les grosses lunettes qu'il adoptera plus tard, mais il porte déjà le nœud papillon attaché définitivement à son image.

Le séjour de Charles-Edouard Jeanneret dans l'agence des frères Perret ne l'a pas encore libéré des racines culturelles qui le rattachent à La Chaux-de-Fonds. En 1909, il rentre dans sa ville natale. Avec quelques camarades du cours supérieur de l'école d'art, il crée les Ateliers d'art réunis. Mais cette association, qui se proposait de développer l'art dans tous les domaines, ne rencontre guère de succès et disparaît rapidement. Charles-Edouard Jeanneret construit les villas Stotzer et Jaquemet, dont il avait reçu commande et commencé l'étude alors qu'il partait en Italie. Il esquisse aussi un projet de bâtiment pour l'école d'art de La Chaux-de-Fonds, selon un schéma qu'il reprendra dans son projet de musée à croissance illimitée en 1929-1930 et qu'il concrétisera en 1959 dans le musée de l'Art occidental de Tokyo.

Le voyage en Allemagne

En avril 1910, il entreprend un long voyage en Allemagne. L'école d'art de La Chaux-de-Fonds lui a confié une étude sur l'enseignement des métiers d'art en Allemagne, en relation avec les conditions de la production industrielle. Charles-Edouard Jeanneret

Charles-Edouard Jeanneret entreprend la conception des villas Jaquemet et Stotzer durant son voyage en Italie et en Autriche; il en signe les plans conjointement avec René Chapallaz. Plus discret que celui de

va donc visiter nombre de villes et d'entreprises allemandes dont les activités intéressent l'art et l'industrie. Son *Etude sur le mouvement d'art en Allemagne* sera éditée à La Chaux-de-Fonds en 1912. Il en reprendra brillamment certaines des idées, en 1925, dans l'un de ses ouvrages les plus importants : *L'Art décoratif d'aujourd'hui.*

L'agence Behrens

A Berlin, Charles-Edouard Jeanneret travaille d'octobre 1910 à mars 1911 dans l'agence de l'architecte Peter Behrens, où passeront aussi Gropius et Mies Van der Rohe. Il ne semble pas y trouver ce qu'il escompte d'une architecture nouvelle mais il y découvre l'organisation d'une agence importante et les problèmes que la grande industrie pose à l'architecture.

Il reste à Charles-Edouard Jeanneret à parachever la mutation qu'il a entamée avec son premier périple en Italie, son séjour à Paris et ce passage en Allemagne. Le grand voyage qui, en 1911, le conduira en Europe centrale, en Grèce et de nouveau en Italie sera déterminant.

la villa Fallet, leur pittoresque reste cependant très affirmé. L'expression des façades commande l'organisation intérieure ; le temps n'est pas encore venu d'affirmer que «le plan procède du dedans au dehors».

Le voyage d'Orient

Charles-Edouard Jeanneret part le 7 mai 1911 avec son camarade d'études Auguste Klipstein, historien d'art qui prépare à l'époque une thèse sur le Greco. Le voyage conduira les deux amis, durant près d'une année, à la découverte de la Méditerranée et de l'Orient. Pour Charles-Edouard, enfant des monts du Jura, c'est un choc, une révélation, un éblouissement. Il subit alors le changement auquel il aspirait sans doute depuis plusieurs années : «Je n'étais pas encore un homme et il me restait, devant la vie qui s'ouvrait, à devenir un caractère.»

Ainsi qu'il en a pris l'habitude dès ses premiers voyages, il emporte toujours sur lui un petit carnet de croquis de 10 centimètres sur 17. Tout au long de sa vie, il en remplira, en noir et en couleurs, plus de quatre-vingts, de notes, de calculs, de relevés, d'esquisses. Il multiplie ainsi les observations, les

réflexions. «On dessine afin de pousser à l'intérieur, dans sa propre histoire, les choses vues. Une fois les choses entrées par le travail du crayon, elles restent dedans pour la vie; elles sont écrites, elles sont inscrites.» Régulièrement, il adresse à ses parents de longues lettres que publie le journal local, *La Feuille d'avis de La Chaux-de-Fonds*.

En Serbie, en Roumanie, en Bulgarie, il s'intéresse aux architectures rurales, populaires, anonymes. Il veut y découvrir ce qu'elles comportent d'essentiel, la réponse qu'elles apportent aux besoins de l'homme confronté aux éléments naturels. En Grèce, au mont Athos, il s'arrête huit jours durant, subjugué tout autant par la vie monacale que par la beauté du site et de l'architecture. En Turquie, il découvre les mosquées. Il est fasciné par les formes simples, éclatantes de blancheur, des architectures méditerranéennes : «Une géométrie élémentaire discipline les masses : le carré, le cube, la sphère.» L'homme qui a dans son enfance parcouru les sombres forêts de sapins et les vallées noyées de brume du Jura est ébloui par la lumière.

Le Parthénon

L'Acropole représente le point d'intensité majeure du voyage. Charles-Edouard Jeanneret et Auguste Klipstein séjournent

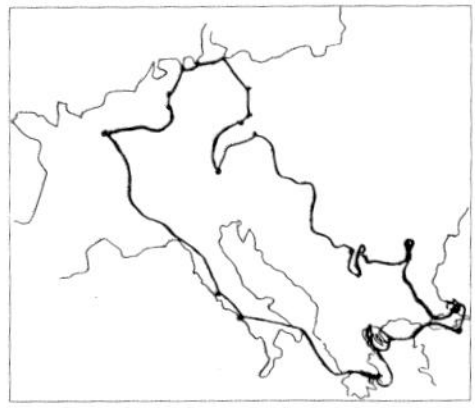

Durant le voyage d'Orient, trois longues semaines sont consacrées à l'Acropole. Jeanneret trouve, sous la matière morte des pierres muettes, la dimension spirituelle la plus intense, qu'il ne va plus cesser de rechercher dans l'architecture. Il mesure, analyse, compare au point de s'exclamer dans une lettre à L'Eplattenier qu'il en est écrasé et dégoûté. Il y découvre l'ordre dont il va progressivement éprouver de plus en plus fortement le besoin et dont il pense qu'il est un élément essentiel de l'art. La perfection de la forme et des proportions atteint pour lui une dimension morale. De la modénature dorique, il relève la «moralité» ou le caractère «infaillible, implacable, la rigueur»; des moulures, il souligne le «courage». Autre sujet d'intérêt du voyage, l'architecture rurale en Bulgarie (page de gauche).

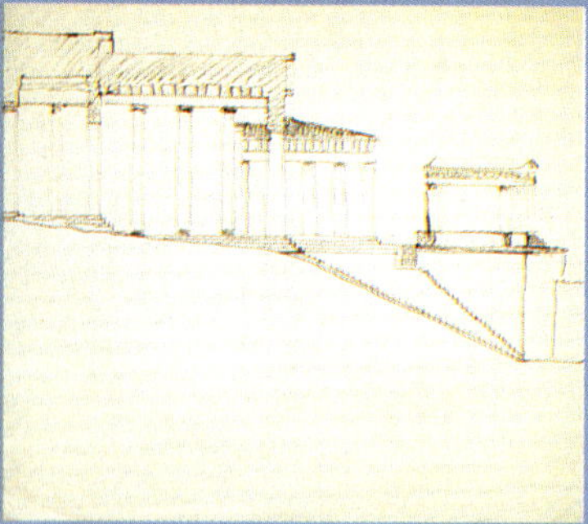

En 1911, Jeanneret et Klipstein entament un vaste périple. «Sac au dos, je traversais les pays à pied, à cheval, en bateau, en auto, confrontant la diversité des races, l'unité des bases foncièrement humaines.» Le voyage concilie l'intérêt de Klipstein pour la peinture et celui de Jeanneret pour l'architecture. Le jeune étudiant de l'école d'art de La Chaux-de-Fonds va découvrir sous la lumière de la Méditerranée et de l'Orient des architectures insoupçonnées. Il s'intéresse tout autant aux architectures paysannes et aux objets les plus simples qu'aux grands édifices. Ici, quelques croquis d'Istanbul et du Parthénon. Il combine la photo, le dessin et l'écriture. Il relève plans et façades mais il multiplie aussi les notes sur des détails de construction, des décors, des matériaux et des couleurs. A Istanbul, les mosquées offrent à Charles-Edouard Jeanneret la géométrie rigoureuse et la blancheur de leurs architectures, triomphe du carré, du cube et de la sphère sous l'éclat du lait de chaux.

Un important industriel de l'horlogerie neuchâteloise, Georges Favre-Jacot, créateur des montres Zénith, confie en 1912 à Charles-Edouard Jeanneret la réalisation de sa villa au Locle, non loin de La Chaux-de-Fonds. L'architecte s'écarte résolument d'une inspiration régionaliste : le néo-classicisme de la villa trouve sans doute son origine dans les influences mêlées de Behrens et de Perret ; mais l'inspiration méditerranéenne n'y est elle-même probablement pas étrangère.

plusieurs semaines à Athènes et le futur Le Corbusier se laisse envahir, des journées entières, par «les marbres rectilignes, les colonnes verticales et les entablements parallèles à la ligne des mers». Au-delà du «jeu savant, correct et magnifique des volumes sous la lumière», il recherche la force active de l'architecture. Pour lui, la beauté et la puissance du Parthénon, «pure création de l'esprit [...], machine à émouvoir», ne sont pas seulement d'essence plastique mais surtout d'ordre spirituel.

Le retour à La Chaux-de-Fonds

Après Naples, après Rome, le voyage d'Orient s'achève en novembre 1911. Près de Florence, Charles-Edouard est allé revoir la chartreuse d'Ema qui l'avait tant impressionné en 1908. Il rentre à La Chaux-de-Fonds où il va passer cinq années encore, avant de s'établir définitivement en France. Après le passage dans l'agence des frères Perret, après ces longs voyages, ce retour au pays natal pour une aussi longue durée peut surprendre. Charles-Edouard a vingt-cinq ans. Se sent-il trop jeune pour quitter sa famille, son maître L'Eplattenier, la ville de son enfance, ses camarades d'études et l'école d'art ? N'a-t-il pas encore assumé, au fond de lui-même, les transformations et les aspirations que la découverte de la Méditerranée et de l'Orient a provoquées ?

L'Eplattenier, qui tente de créer une nouvelle section de l'école pour former les artistes aux conditions modernes de la production industrielle, parvient à convaincre Charles-Edouard Jeanneret et deux de ses anciens camarades d'études, Georges Aubert et Léon Perrin, d'y venir travailler.

Alors qu'il entreprend le projet de la villa Favre-Jacot, ses parents chargent Charles-Edouard Jeanneret de réaliser leur propre villa, dans une petite forêt, au-dessus de La Chaux-de-Fonds. La maison domine un jardin pentu que couronne une grande terrasse. C'est un fort volume dont toute l'expression est commandée par un plan d'une extrême rigueur. Ici «l'extérieur est le résultat d'un intérieur». Au centre de la construction, quatre poteaux structurent au rez-de-chaussée le salon de musique dédié au piano de la mère du jeune architecte. Ce salon paraît commander toute l'organisation orthogonale des pièces à sa périphérie. A l'ouest, dans l'axe principal de la villa, la salle à manger s'inscrit dans une sorte d'abside. Revêtue d'un enduit dont l'éclat est peu commun dans la région, la maison sera vite surnommée «la Villa blanche».

Sa tentative échoue rapidement mais Charles-Edouard Jeanneret a obtenu la commande de plusieurs projets de construction. En 1912, il construit au Locle, près de La Chaux-de-Fonds,

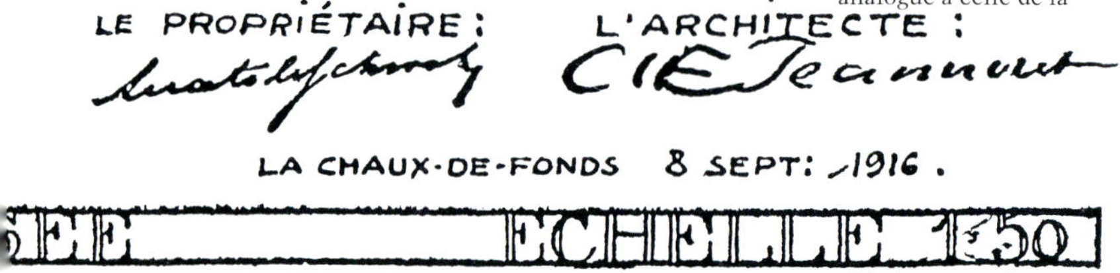

la maison de l'industriel Favre-Jacot. En 1916, il réalise deux projets : la villa Schwob pour un autre industriel et la villa Jeanneret-Perret pour ses parents.

Dans ses trois premières constructions, les villas Fallet, Stotzer et Jaquemet, Charles-Edouard Jeanneret avait priviligié la recherche plastique extérieure et celle-ci commandait pour une part l'organisation intérieure. Dans les trois villas de 1912-1916, le plan commande l'organisation des façades. On a pu aussi noter l'influence de Frank Lloyd Wright, dont Charles-Edouard Jeanneret relèvera d'ailleurs ultérieurement «l'inclination vers l'ordre, vers l'organisation, vers une création de pure architecture».

La structure de béton armé de la villa Schwob comporte seize poteaux carrés et, dans une disposition analogue à celle de la villa Jeanneret, les quatre poteaux du grand salon, au centre du rez-de-chaussée, commandent l'ensemble du plan. La construction dégage une impression de force et d'austérité qui n'est pas sans rappeler Perret. La blancheur de la villa Schwob, la rigueur de ses volumes et son couronnement en terrasse lui ont rapidement valu, dans la région, le surnom de «Villa turque».

En février 1912, Charles-Edouard Jeanneret avait adressé aux banquiers, aux industriels et aux commerçants de la région une lettre dans laquelle il se flattait d'être un spécialiste du béton armé bien qu'il n'ait jusqu'alors utilisé que des procédés traditionnels. Pour la première fois, l'architecte va, avec la villa Schwob (ci-dessus pendant le chantier), mettre en œuvre une structure de béton armé. L'enseignement d'Auguste Perret a été entendu : le rythme des poteaux coïncide avec l'organisation du plan et la structure joue un rôle essentiel dans l'expression architecturale de l'ensemble.

Dom-ino : un système constructif

Outre l'aménagement du cinéma La Scala, toujours à La Chaux-de-Fonds, Charles-Edouard Jeanneret procède à un certain nombre d'études pour des projets qui demeurent sans suite. Il s'intéresse aussi au problème du logement social. Dès 1914, informé des premières destructions dans les Flandres, du fait de la guerre, il a entrepris la mise au point d'un procédé de construction industrielle par éléments structurels combinables. Ceux-ci permettraient la réalisation facile et rapide de maisons plus ou moins importantes, dans des configurations multiples et que les habitants pourraient achever eux-mêmes.

Dom-ino, le nom donné au système, formé de la racine du mot latin *domus* – la maison – et de celle du mot innovation, évoque d'ailleurs le jeu de dominos dont on associe les pièces les unes aux autres comme on pourra articuler les uns aux autres les éléments préfabriqués du système.

Au côté de son enseignement vite interrompu et de son activité en architecture, Charles-Edouard Jeanneret ne cesse de dessiner et de peindre. Il expose en 1912, à Neuchâtel, sous le titre *Langage des pierres*, seize aquarelles de son voyage d'Orient, dont il présentera un certain nombre au Salon d'automne, à Paris, où il se rend périodiquement. Il continue de lire historiens, critiques d'art et poètes, découvre les *Théories, 1890-1910* de Maurice Denis, *l'Histoire de l'architecture* d'Auguste Choisy. Il rassemble ses

Le béton armé a permis de distinguer les deux fonctions assurées de tout temps par le mur : porter planchers et toitures, clore le volume bâti. Jeanneret va s'efforcer d'en tirer toute la liberté possible. L'unité de base du système Dom-ino (ci-dessous) est composée de trois dalles, de six poteaux et d'un escalier. Afin de libérer la façade, les poteaux sont situés en retrait, et leur raccordement aux dalles se fait sans aucun relief afin d'obtenir des parois parfaitement lisses.

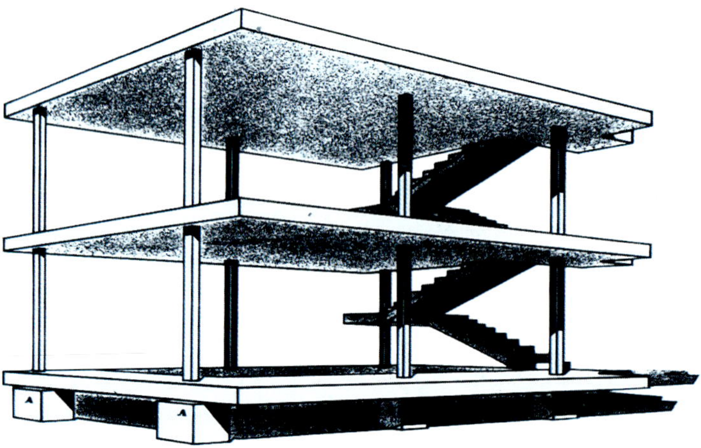

Le Corbusier ne cessera plus d'utiliser l'ossature de béton armé poteaux-dalles. Il déclinera le système Dom-ino dans d'innombrables études de maisons en série (ci-dessus). Plusieurs des «5 points d'une architecture nouvelle», en 1925, seront issus de ce système. La maison Citrohan (1920) et les immeubles villas (1922) représentent des variations du système, dont les principes traverseront toute l'œuvre architecturale, depuis les villas blanches des années 1920 jusqu'aux grands édifices de Chandigarh.

notes et articles du *Voyage d'Orient* mais l'ouvrage ne sera publié, sous ce titre, qu'en 1966. Il entreprend la rédaction d'un ouvrage sur la *Construction des villes* mais le texte n'en a pas été édité.

L'arrachement de La Chaux-de-Fonds

En 1917, Charles-Edouard Jeanneret a trente ans. Après avoir construit, à La Chaux-de-Fonds et au Locle, six villas, bien introduit dans plusieurs familles de la bourgeoisie locale, il pourrait poursuivre avec succès, dans la région, une belle carrière d'architecte. Mais il pressent bien qu'il ne trouvera pas là les dimensions qu'il souhaite, et il aspire à d'autres ouvertures, à d'autres rencontres. Paris, centre intellectuel et artistique l'attire. Il s'arrache enfin à La Chaux-de-Fonds et gagne la France pour s'y installer définitivement. Charles-Edouard Jeanneret a atteint le terme de cette longue tranche de vie, où pendant une dizaine d'années, à partir d'une formation générale modeste, il a accumulé tout un savoir nouveau, acquis avec une curiosité avide, à travers les voyages, les rencontres, les lectures. Autodidacte obstiné, il n'a cessé de noter, de dessiner et d'écrire, en aspirant à une connaissance toujours plus aiguë de la réalité profonde et de la signification des objets et des architectures. Progressivement, il a fondé sur les enseignements reçus à La Chaux-de-Fonds une autre conception de l'harmonie, de l'architecture et de la fonction de l'architecte. Sous Charles-Edouard Jeanneret, Le Corbusier n'est plus loin de percer.

Dans le jardin de la villa Jeanneret, à La Chaux-de-Fonds, Charles-Edouard Jeanneret (à gauche), son frère Albert (à droite) et leurs parents.

Paris, 1917, Charles-Edouard Jeanneret, qui prendra en 1920 le pseudonyme de Le Corbusier, affirme avec éclat son caractère, ses idées, sa puissance de travail. Qu'il s'agisse de l'expression plastique, de la création architecturale, de la recherche urbanistique ou de l'écriture, les vingt années qui suivront seront d'une fécondité exceptionnelle.

CHAPITRE III
L'ÉCLOSION

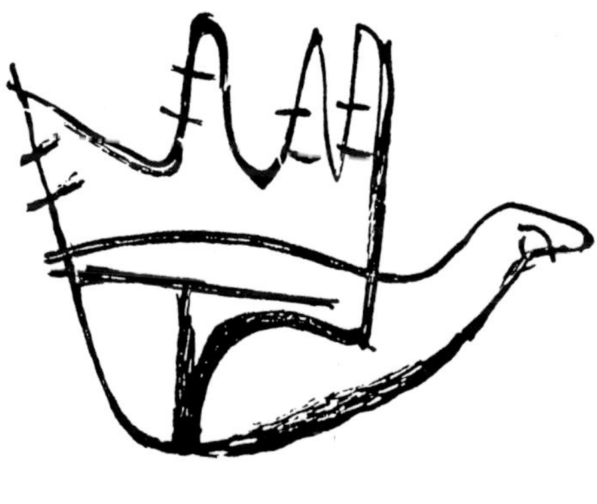

Le banquier Raoul La Roche possédait une belle collection de peintures cubistes et puristes. La villa que Jeanneret réalise pour son compte répond aux besoins d'un homme vivant seul et à son souci de pouvoir exposer sa collection dans une galerie.

Lorsqu'il arrive à Paris en 1917, Charles-Edouard Jeanneret s'installe au 20 de la rue Jacob, non loin de l'église Saint-Germain-des-Prés. Il y demeurera jusqu'en 1933, pour emménager alors, avec sa femme, dans l'appartement du toit-terrasse de l'immeuble qu'il vient d'achever rue Nungesser et Coli, à la limite de Paris et de Boulogne. Il a épousé Yvonne Gallis, en décembre 1930, trois mois après avoir obtenu la nationalité française par naturalisation. Entre-temps, en 1923, il a ouvert son agence d'architecture, 35 rue de Sèvres, où il s'est installé avec son cousin Pierre Jeanneret. Tous deux signeront conjointement les projets qui sortiront de l'agence, jusqu'à leur séparation en 1940. Ils reprendront leur association en 1951, pour la réalisation des grands projets de l'Inde.

Dans ce genre de perspectives, ici la maison Loucheur et des villas types pour artiste ou paysan (ci-dessous), Le Corbusier exprime davantage l'espace créé que les murs ou les cloisons qui l'entourent.

Le Corbusier industriel

Jusqu'en 1920, Charles-Edouard Jeanneret ne parvient pas à entreprendre une activité stable et rémunératrice. Il travaille d'abord dans un bureau d'études, la Société d'application du béton armé. Puis il dirige une entreprise de briqueterie et de fabrication de matériaux de construction mais elle tombe en faillite. Il crée alors son propre bureau

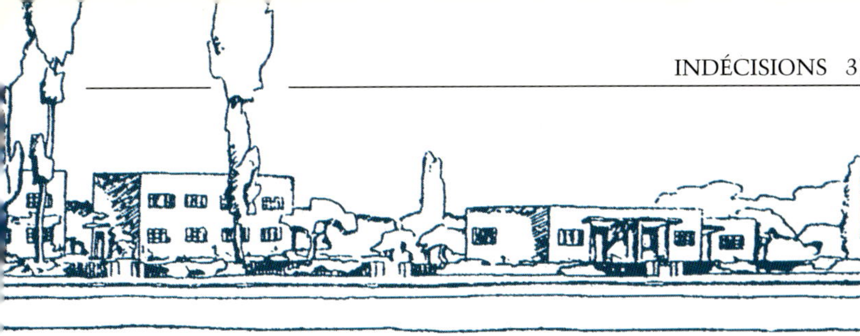

d'études, la Société d'entreprise industrielle et d'études, au sein de laquelle il invente un certain nombre de procédés et d'éléments de construction.

En 1919, il a élaboré le projet de maison Monol à base de fibrociment avec une couverture faite de voûtes, dont il reprendra le principe dans la Petite Maison de la Celle-Saint-Cloud puis les maisons Jaoul. Il se préoccupe du problème du logement ouvrier. Il s'intéresse aux travaux de Taylor et s'efforce de définir des méthodes de rationalisation de la construction dans un esprit de production industrielle. Il paraît éprouver quelque fierté du fait de ses responsabilités de chef d'entreprise mais ne possède pas les qualités d'un homme d'affaires. Au demeurant, dans une période difficile où l'activité du bâtiment est très réduite en France, ses entreprises ne réussissent guère.

Projet, non réalisé, les «Maisons de gros béton» (1919) mettent en œuvre une technique particulière. Le terrain envisagé étant formé de bancs de gravier, la carrière est installée *in situ* et le gravier est coulé avec de la chaux dans un banchage de 40 cm d'épaisseur. «La droite est la grande acquisition de l'architecture moderne, et c'est un bienfait. Il faut nettoyer de nos esprits les araignées romantiques.»

Yvonne Gallis, mannequin monégasque, l'épouse de Le Corbusier, a longtemps été à ses côtés une sorte de point d'équilibre. Elle l'aidait à se retrouver, à dépasser ses échecs, recevait avec lui leurs amis. «Elle est la droiture enfant au cœur limpide présente sur terre près de moi.»

Le purisme

En 1917, grâce à Auguste Perret, Charles-Edouard Jeanneret a fait la connaissance d'Amédée Ozenfant ; il va trouver dans cette amitié une influence qui lui permettra de sortir de ses incertitudes et de ses déchirements entre ses affaires et ses aspirations à la création. «Dans mon désarroi, j'évoque votre tranquille, nerveuse, claire volonté. Il me semble qu'un gouffre d'âge nous différencie. Je me sens au seuil de l'étude, vous en êtes aux réalisations.»

Depuis toujours il dessine. Lors de ses courses dans le Jura suisse, lors de ses voyages, il a multiplié dessins et aquarelles. A l'influence de son maître Charles L'Eplattenier se mêlent celles des impressionnistes, de Matisse, de Signac. A trente ans, il n'a pas encore trouvé la voie d'une expression picturale propre. Son premier tableau, *La Cheminée*, exécuté en 1918, par le sujet traité et par la manière,

Charles-Edouard Jeanneret n'a jamais cessé de vouloir être peintre, jaloux sans doute au fond de lui des succès de l'architecte. Son premier tableau, *La Cheminée*, exprime la volonté de rigueur et d'équilibre qui marque toutes les formes d'expression de son œuvre. Sur le plateau d'une cheminée, deux livres sont posés à côté d'un cube blanc : «Premier tableau 1918… A vrai dire derrière cela est présent le site de l'Acropole.»

peut être considéré comme une démarche décisive et comme un manifeste. La rigueur de la composition et l'intensité de la lumière annoncent la peinture et l'architecture puristes des années 1920. Charles-Edouard Jeanneret ne va plus cesser de peindre. Tout jeune, son maître l'avait convaincu de devenir architecte. Toute sa vie, il cherchera à hisser le plasticien au niveau de sa renommée grandissante d'architecte.

Amédée Ozenfant et Charles-Edouard Jeanneret partagent les mêmes idées. Ils souhaitent voir privilégier l'ordre et l'harmonie, à travers la rigueur d'une géométrie dépouillée, dans de larges plages lisses de couleurs pures. Ils proclament l'importance de la machine. Le cubisme leur semble trop éloigné des problèmes contemporains. Ces idées, ils les exposent en signant conjointement, en 1918, l'ouvrage *Après le cubisme*. Pour désigner leur esthétique, ils reprennent un terme qu'avait créé Ozenfant : le *purisme*. Le mot recouvre non seulement une conception formelle, mais une dimension morale dont la pureté, la simplicité et l'économie des moyens sont les qualités essentielles.

Durant près de dix ans, Charles-Edouard Jeanneret déclinera les idées et les thèmes du

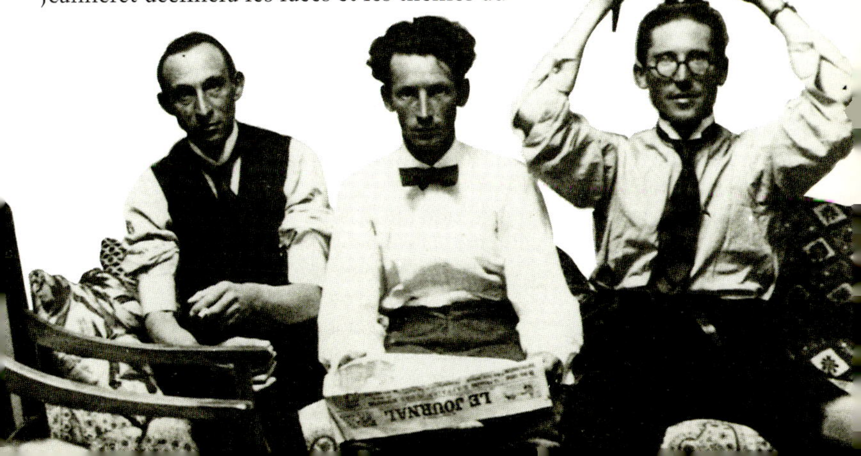

Amédée Ozenfant, Albert Jeanneret et Charles-Edouard Jeanneret (de gauche à droite). Ci-dessus, une nature morte puriste (1921).

purisme, reprenant inlassablement, dans d'innombrables dessins et dans ses toiles, les objets banals de la vie quotidienne. Sa recherche vise à atteindre l'harmonie et l'unité dans la construction de l'œuvre en organisant celle-ci sur des «tracés régulateurs». Le tableau est conçu «non pas comme une surface mais comme un espace» dans lequel les objets s'articulent les uns aux autres tout comme des volumes construits s'associent dans l'espace architectural. La création plastique, l'architecture et l'urbanisme ne sont-ils pas d'ailleurs «une seule et même manifestation créatrice vouée à diverses formes du phénomène visuel ?»

Entre 1918 et 1923, Charles-Edouard Jeanneret et Amédée Ozenfant exposeront leurs œuvres ensemble dans plusieurs galeries, avant de se brouiller en 1925. En 1920, Charles-Edouard Jeanneret a fait la connaissance de Fernand Léger avec lequel il nouera une amitié d'abord étroite puis plus distendue. Les deux hommes confèrent au progrès, aux techniques et à la machine une place éminente. Mais Léger cherche à exprimer derrière les signes apparents du machinisme une dimension sociale alors que pour Ozenfant et Jeanneret, le purisme a essentiellement une valeur esthétique et idéale.

Jusqu'en 1926, Charles-Edouard Jeanneret n'a représenté dans sa peinture que des natures mortes. Il commence alors à utiliser de nouveaux objets, de caractère organique, «objets à réaction poétique» : coquillages, os, silex, pommes de pin. Les formes plus complexes et les objets déformés expriment un nouveau lyrisme. Le corps de la femme, progressivement introduit, s'affirme avec une vigueur sculpturale, monumentale, qui ne permet guère d'éluder le rapprochement avec Léger ou Picasso. A ce stade, Charles-Edouard Jeanneret, devenu

L'intérêt que portait Fernand Léger à l'architecture, la dimension monumentale de ses travaux et la place qu'il allait progressivement conférer à la machine dans sa peinture expliquent leurs échanges et l'amitié qu'il a nouée avec Le Corbusier. Ils débattent fréquemment du rôle respectif du peintre et de l'architecte dans l'aménagement de l'espace bâti et plaident pour une collaboration étroite entre l'artiste et le constructeur, qui n'aboutira pour eux à aucune réalisation. Ci-dessus, Léger «croqué» par Le Corbusier.

Le Corbusier, est parvenu à une nouvelle représentation de la nature. Celle-ci obéit dorénavant à un ordre et à une rigueur qui sont le propre de l'œuvre de Le Corbusier sous toutes ses formes. Ce long parcours a représenté un mûrissement laborieux : «La peinture est une bataille terrible, intense, sans pitié, sans témoins ; un duel entre l'artiste et lui-même. La bataille est intérieure – dedans – inconnue au dehors.»

La revue «L'Esprit nouveau»

Amédée Ozenfant et Charles-Edouard Jeanneret, qui ont fait la connaissance du poète Paul Dermée, vont créer avec lui la revue *L'Esprit nouveau* dont le titre paraît avoir été emprunté à une conférence donnée en novembre 1917 par Guillaume Apollinaire «L'Esprit nouveau et les poètes».

La revue comportera entre 1920 et 1925, jusqu'à sa disparition, vingt-huit numéros. Adolf Loos, Elie Faure, Aragon et Cocteau y signeront certains textes. Ozenfant et Jeanneret écrivent eux-mêmes une grande part des articles, qu'ils signent de

De mine le plus souvent austère, Le Corbusier était assurément marqué par ses origines protestantes et son éducation rigoureuse. Mais son goût profond pour la nature, ses conceptions hygiénistes, son amour de la mer et de la natation l'ont parfois conduit à quelques pratiques naturistes. Avec un crayon plein d'humour, il nous donne un curieux croquis où ses grosses lunettes soulignent la nudité des corps alors que, sur le second dessin, le tablier ne parvient pas à dissimuler tous les charmes d'Yvonne.

Le Corbusier

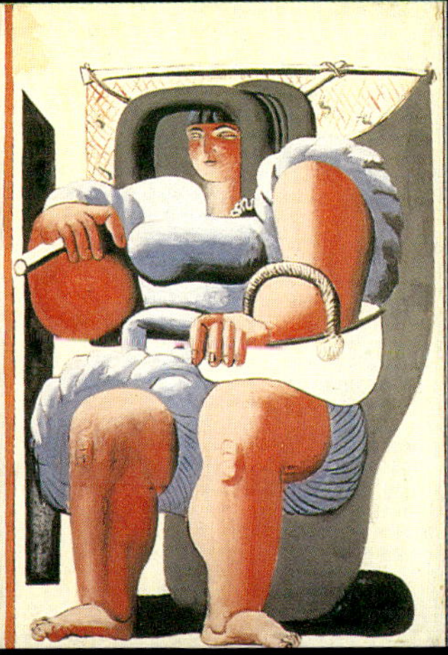

A travers le dessin, la gravure, la peinture, la tapisserie, les émaux, l'architecture et l'urbanisme, Le Corbusier poursuit une même recherche : «Il n'y a pas de sculpteurs seuls, de peintres seuls, d'architectes seuls. L'événement plastique s'accomplit dans une forme une au service de la poésie». Il voit dans la peinture le «laboratoire secret» de son architecture et il lui consacre une large part de son activité. A partir de 1928, il se détache des principes du purisme. A travers quelques thèmes qu'il reprend inlassablement – femmes, taureaux, icônes –, il projette une nouvelle vision, moins sereine, moins rationalisée, plus violente et plus passionnée; ici, *Deux Femmes assises avec colliers* (vers 1929), *La Dame au chat et à la théière* (1928), *Pêcheuse d'Arcachon* (1932). La couleur est plus vive, les contrastes plus forts, les formes plus variées. Au côté d'éléments manufacturés, il introduit des éléments naturels – objets à réaction poétique – mais sa peinture reste œuvre d'architecte dans la force du graphisme, dans le jeu des plans, dans les ruptures d'échelle et dans la déformation des corps tendant à la monumentalité.

Paestum, *de 600 à 550 av. J.-C.*

Il faut tendre à l'établissement de *standarts* pour affronter le problème de la *perfection*.

Le Parthénon est un produit de sélection appliquée à un standart établi. Depuis déjà un siècle le temple grec était organisé dans tous ses éléments.

Lorsqu'un standart est établi, le jeu de la concurrence immédiate et violente s'exerce. C'est le match ; pour gagner, il faut faire mieux que l'adversaire *dans toutes les parties*, dans la ligne d'ensemble et dans tous les détails. C'est alors l'étude poussée des parties. Progrès.

Cliché de La Vie Automobile. Humbert, 1907.

pseudonymes divers donnant à penser que la revue compte plus d'auteurs qu'elle n'en dénombre réellement ! C'est alors que Charles-Edouard Jeanneret adopte le pseudonyme de Le Corbusier.

Pour lui, *L'Esprit nouveau* est à la fois un moyen d'expression, un instrument de provocation et un système de mûrissement de ses idées. Manifestant un talent de communication fort en avance pour l'époque, il use de métaphores éclatantes et de formules chocs. Pour mieux proclamer la force et la beauté de la machine, du bateau ou de l'aéroplane, il rapproche textes et photographies.

«Revue internationale d'esthétique», *L'Esprit nouveau* entend situer l'art et l'architecture dans les courants de la révolution industrielle. Sur l'architecture, la revue s'intéresse plus à la fonction qu'à l'objet architectural. Elle s'attache à la notion de «standarts», réponses de portée plus ou moins universelle aux besoins de l'homme, dans la forme et l'organisation. Elle exalte la machine

comme un «modèle» de calcul et de création utile, et rapproche, souvent de façon provocatrice, de grandes œuvres architecturales et des productions industrielles modernes. Elle défend l'idée que la création architecturale doit procéder de la même démarche que la création industrielle.

Vers une architecture

En 1923, Le Corbusier publie *Vers une architecture*, recueil d'une douzaine de ses articles parus dans la revue *L'Esprit nouveau*. Ce livre marquera profondément l'histoire de l'architecture moderne. Traduit en plusieurs langues, il contribuera largement à la notoriété de l'architecte. L'essentiel de ce qui guidera sa pensée est déjà là : il proclame qu'un temps moderne est entamé, avec de nouvelles conditions sociales, économiques et techniques auxquelles l'architecture doit répondre, à l'instar de l'industrie. Il affirme que si l'architecture se perçoit par le volume et les surfaces – «le plan est générateur» –, l'architecte doit revenir aux formes primaires, les plus belles, les plus lisibles, par une plus grande rigueur dans le dessin par un système de «tracés régulateurs… assurance contre l'arbitraire». Le Corbusier souligne enfin avec force la spécificité de l'architecture par rapport à la construction : si le bâtiment doit utiliser les techniques de l'industrie jusqu'à «construire des maisons en série», la création architecturale – bouleversée par le fer et le béton – ne doit pas s'arrêter aux techniques mais, «avec des matériaux bruts, établir des rapports émouvants».

Le livre *Vers une architecture* reçoit un accueil exceptionnel. Le Corbusier y manifeste, pour l'époque, un rare talent de communication dans un domaine, au surplus, où les professionnels de l'architecture et de l'urbanisme parviennent rarement à s'exprimer. Comme il le fera pour la plupart de ses ouvrages, Le Corbusier en met lui-même au point la maquette. En dépit des bouleversements des conditions de la production architecturale, l'ouvrage a conservé une large part de sa force et de son audience.

Un principe de création

Chez Le Corbusier, les recherches nourrissent l'étude des projets réels et ceux-ci, par l'expérimentation qu'ils représentent, permettent le progrès d'autres études théoriques. Les nombreux ouvrages écrits par Le Corbusier favorisent et enrichissent eux-mêmes ce jeu dont ils rendent compte, entre l'étude et l'expérience, entre la recherche et l'application.

S'il construit entre 1920 et 1930 un certain nombre de villas destinées à une clientèle aisée, Le Corbusier entend bien d'abord affirmer le rôle social de l'architecte chargé d'abriter les hommes et de construire les villes. «Mon devoir à moi, ma recherche, c'est d'essayer de mettre cet homme d'aujourd'hui hors du malheur, hors de la catastrophe; de le mettre dans le bonheur, dans la joie quotidienne, dans l'harmonie. Il s'agira tout particulièrement de rétablir ou d'établir l'harmonie entre l'homme et son milieu.»

Le Corbusier s'efforce de concilier les besoins individuels et les nécessités de la vie en société dans le projet d'immeuble-villas (1922), ci-dessus. 120 «villas superposées», offrant un habitat confortable (salle de séjour sous double hauteur et espace jardin privatif) et les avantages de services communs. Ci-dessous, la cellule de base expérimentale : la maison Citrohan.

Immeuble-villas

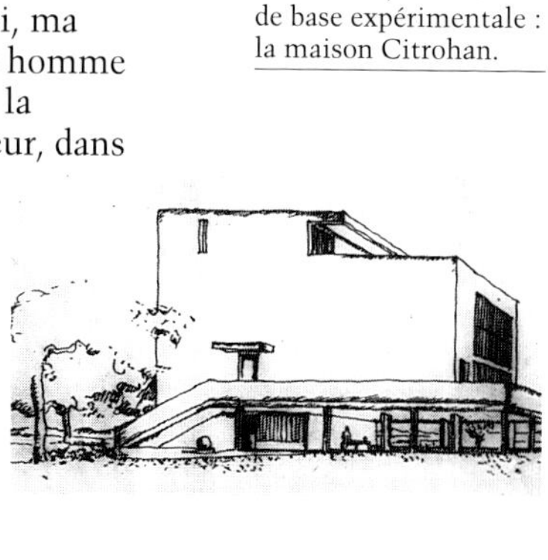

En 1920, il élabore le premier projet d'une construction type économique

– la maison Citrohan – exprimant une recherche de rationalité et de simplicité poussée à l'extrême pour favoriser une production industrielle en série. En 1922, à l'occasion du Salon d'automne, Le Corbusier présente le projet d'immeuble-villas dans lequel il cherche à concilier la création des espaces privatifs du logement et l'aménagement des espaces collectifs répondant aux besoins d'une centaine de familles. Il exprime par ce projet l'hostilité qu'il éprouve à l'égard des zones d'habitat pavillonnaire de banlieues, dépourvues de services communs, consommatrices d'espaces et génératrices de longs déplacements. L'immeuble-villas représente la transposition de la découverte que le jeune Charles-Edouard Jeanneret avait faite lors de son voyage de 1907 en Italie en visitant la chartreuse d'Ema.

L'idée l'obsède que «la ville doit assurer sur les plans spirituels et matériels la liberté individuelle et le bénéfice de l'action collective». Elle le conduira une vingtaine d'années plus tard à la formule de l'unité d'habitation.

Le pavillon de l'Esprit nouveau (1925) est un manifeste et une démonstration d'architecture. Dans la partie d'habitation, le plan en L d'une cellule de l'immeuble-villas entoure un jardin intérieur. Contre la tradition des «arts décoratifs», Le Corbusier y a disposé des meubles de grande diffusion, en bois courbé ou en métal et, en fait de rangements, de simples casiers de bois peints. Le pavillon présente des peintures et des sculptures de Le Corbusier, Juan Gris, Fernand Léger, Amédée Ozenfant et Jacques Lipchitz. Dans la partie consacrée à l'urbanisme, Le Corbusier et Pierre Jeanneret présentent un immense diorama d'études urbaines. Le pavillon de l'Esprit nouveau a été démoli dès après la fin de l'exposition; un pavillon construit sur les mêmes plans a été édifié à Bologne en 1977.

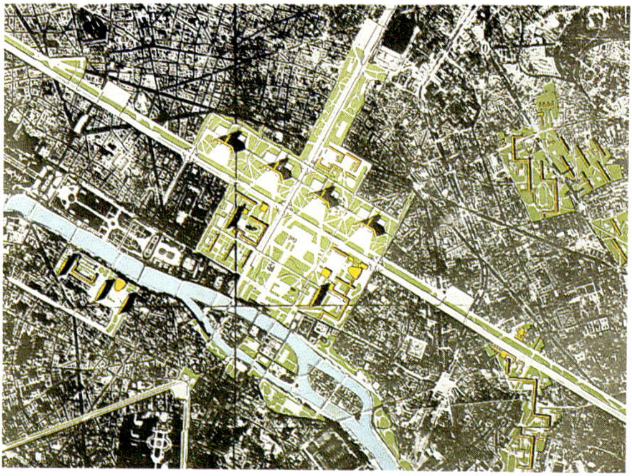

Qu'il s'agisse de projets «idéaux», comme le «Plan pour une ville de 3 millions d'habitants» (ci-dessous) et le «Plan Voisin», ou de plans plus réalistes comme celui de 1937 (ci-contre) et les nombreuses études de portée plus limitée, aucune des études d'urbanisme pour Paris ne connaîtra un commencement d'exécution. Il en sera de même pour les plans de bien des villes en Europe, en Afrique et en Amérique. Seule exception : Chandigarh en Inde. Les ambitions extrêmes, le caractère visionnaire et la formulation provocatrice les rendaient inaccessibles aux yeux des autorités politiques, ainsi qu'une présentation trop formelle, privée des analyses techniques, économiques et juridiques nécessaires pour asseoir leur crédibilité.

Le pavillon de l'Esprit nouveau

En 1925, l'Exposition internationale des Arts décoratifs de Paris se déploie sur l'esplanade des Invalides, le pont Alexandre-III et les abords dù Grand et du Petit Palais. Elle marquera la rupture de l'architecture et des Arts décoratifs avec l'Art nouveau. Plusieurs architectes novateurs y trouvent l'occasion de s'exprimer. Mallet-Stevens construit le pavillon du Tourisme et le pavillon de la France, Tony Garnier le pavillon de la ville de Lyon. Le Corbusier, pour sa part, édifie le pavillon de l'Esprit nouveau, véritable manifeste d'architecture et d'art. Une partie du pavillon est constituée par un logement type du projet d'immeuble-villas. L'autre partie, qui prolonge ce logement, reçoit une exposition des travaux d'urbanisme de Le Corbusier et de Pierre Jeanneret.

Les grands plans d'urbanisme

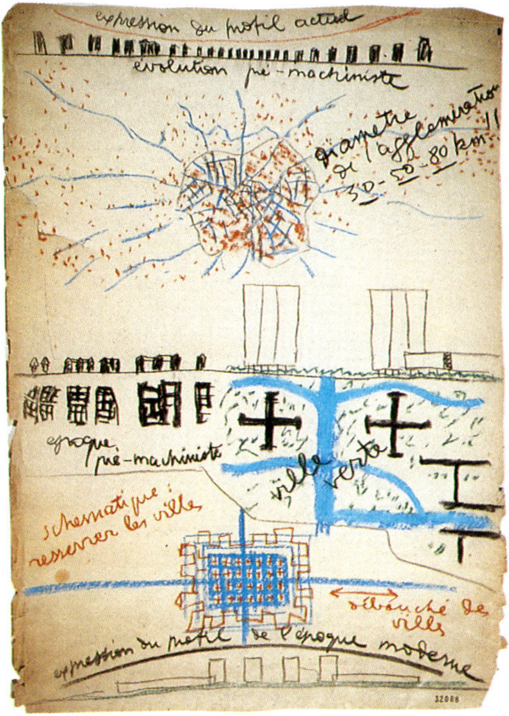

En matière d'urbanisme, Le Corbusier ne cessera de multiplier les recherches théoriques, les projets et les ouvrages. En 1922, il dévoile son «Plan pour une ville contemporaine de 3 millions d'habitants», au Salon d'automne, sous la forme d'un diorama de cent mètres carrés. L'architecte entend bien, sous une recherche théorique, évoquer les difficultés réelles de l'urbanisme parisien. Il pose «quatre postulats brutaux : 1. décongestionner le centre des villes ; 2. accroître la densité du centre des villes ; 3. accroître les moyens de circulation ; 4. accroître les surfaces plantées».

Si ce plan ne se référait pas explicitement au cas de la ville de Paris, le «Plan Voisin» de 1925 est élaboré pour elle. Son nom est celui de Gabriel Voisin, constructeur d'automobiles et d'avions qui apportera

Le «Plan pour une ville de 3 millions d'habitants» est un plan théorique, comme ce croquis de conférence (ci-dessus). Mais leurs principes – remise en ordre des différentes fonctions de la ville, hiérarchisation des circulations, libération des sols au profit de parcs et de terrains de sports – ont exercé une influence importante sur la réflexion des urbanistes modernes.

son soutien à Le Corbusier. A partir de 1930, Le Corbusier, dans ses études de la «Ville radieuse», abandonne l'organisation concentrique de la «Ville contemporaine», au profit d'une organisation linéaire. Le zonage fonctionnel reste fortement affirmé mais les différents secteurs d'activité ne s'enserrent plus les uns dans les autres. Ils s'étagent le long de grands axes de circulation qui se répartissent en deux ensembles correspondant à des vitesses différentes. Le Corbusier amorce ainsi l'évolution qui le conduira au système des «7 V» intégralement appliqué à Chandigarh.

Projet pour Paris, le «Plan Voisin» n'était pas, cependant, un plan réaliste. Le «Plan de Paris» de 1937 s'inscrit dans une démarche plus pragmatique tout en conservant, pour la capitale, une ambition rénovatrice forte, avec un quartier d'affaires central et un puissant réseau autoroutier rayonnant vers les régions françaises.

Les villas puristes

S'il se veut l'architecte de la ville, l'inventeur d'un nouvel habitat social, Le Corbusier n'en consacre pas moins, entre 1920 et 1930, une large part d'activité à l'étude et à la construction d'un certain nombre de villas pour une clientèle soucieuse d'art moderne et d'innovation architecturale. Sur une quinzaine de projets, douze villas seront réalisées, dont la plupart ont été conservées en bon état. Les clients de l'architecte représentent des familles fortunées. Plusieurs – Lipchitz, Ozenfant, Miestchanikoff, Ternisien et Planeix – sont des artistes, quelques-uns – Cook, La Roche et Stein – des amateurs ou collectionneurs d'œuvres d'art. La plupart des villas se situent dans l'ouest de Paris ou de sa banlieue : Auteuil, Neuilly, Boulogne, La Celle-Saint-Cloud, Garches, Poissy.

Dans des configurations très différentes, souvent marquées par des contraintes foncières difficiles – exiguïté des terrains, servitudes de voisinage –, elles expriment avec force les idées maîtresses de l'architecte. Plusieurs portent clairement l'empreinte des recherches que Le Corbusier a développées à travers la maison Citrohan ou l'immeuble-villas. L'organisation intérieure est très élaborée dans la relation des espaces et dans la combinaison des circulations verticales et horizontales, qu'une rampe en pente peut venir compléter. Grâce au «béton armé qui supprime entièrement les murs» et au couple poteaux-poutres, Le Corbusier libère l'espace, ouvre les volumes les uns aux autres, accuse les transparences, fait largement pénétrer la lumière, le soleil, la vue des arbres. Le living est souvent construit sous double hauteur. Toutes les dispositions favorisent la «promenade architecturale» et la lecture de l'architecture qui «se marche et se parcourt». Deux villas méritent tout particulièrement

Construite en 1928 à Garches pour deux familles distinctes, la villa Stein-de Monzie – dite «Les Terrasses» – (au centre et ci-dessus) exprime son double programme dans un volume extrêmement simple. Le plan manifeste une volonté aiguë de fluidité de l'architecture. L'architecte ordonne ses façades avec la plus grande rigueur à partir de l'organisation intérieure. Les percements, loggias et bow-windows obéissent à une stricte mise en place que vont guider progressivement des tracés régulateurs. La fenêtre en longueur prédomine. Le toit terrasse forme avec les plans verticaux une arête vive. Les parois sont lisses, sans nul accident. La même année, les mêmes principes président à la conception de la villa Church, à Ville-d'Avray (en haut, à gauche).

qu'on s'y arrête : la double villa La Roche-Jeanneret et la villa Savoye. L'une et l'autre représentent deux «modèles» exemplaires des idées de Le Corbusier à la fin des années 1920.

La villa La Roche-Jeanneret

La villa La Roche-Jeanneret, à Paris, dans le quartier d'Auteuil, à l'extrémité d'une impasse bordée de petites maisons et de jardinets, répondait à un double programme. Les deux constructions sont associées dans un volume unique dont la façade n'exprime pas la limite des propriétés.

Le banquier La Roche, célibataire, collectionneur de tableaux cubistes et puristes, avait prié Le Corbusier de lui construire une villa propre à assurer la présentation de ses œuvres. Très différent, le programme de la villa Jeanneret visait à répondre aux besoins d'une famille constituée par le frère de Le Corbusier, Albert, son épouse, Lotti Raaf, et deux des filles de celle-ci. L'organisation de la villa est donc nécessairement plus traditionnelle que celle du banquier La Roche. Quant à la disposition des différentes fonctions, la villa se remarque par un

Villa La Roche. Le Corbusier a privilégié la galerie de présentation de tableaux, sous la forme d'un volume galbé, détaché du sol. Une rampe en pente douce longe l'un des grands côtés de la galerie, mettant en communication celle-ci avec le premier étage. L'accès principal s'effectue par un hall qui se développe sur toute la hauteur de la construction ; une loggia et des passerelles, sur trois des quatre côtés du hall, permettent des vues multiples. La «promenade architecturale» s'offre au pas et au regard. A droite, plus intime, le salon de la villa d'Albert Jeanneret.

«plan renversé» : les chambres sont situées au premier étage alors que la salle à manger et le salon sont au second, permettant un accès direct au toit-terrasse-jardin, à partir de ces pièces principales.

La villa Savoye

La villa Savoye, achevée en 1931 pour le compte de la famille d'un assureur, est implantée sur un vaste terrain libre de toute contrainte. Le Corbusier y projette dans le béton d'un prisme pur un véritable manifeste architectural. Posée sur de fins pilotis disposés selon une trame rigoureuse, «la maison est une boîte en l'air, percée tout le tour, sans interruption, d'une fenêtre en longueur». Maltraitée durant la guerre, menacée une vingtaine d'années plus tard d'expropriation et de démolition pour faire place à un lycée, la villa Savoye a été sauvée *in extremis*, à la suite d'une vaste pétition internationale, et classée par André Malraux en 1964, en qualité de monument historique, du vivant même de son architecte.

La villa Savoye, à Poissy, dite «Les Heures claires», est un véritable manifeste architectural (pages suivantes). On y trouve tout le «vocabulaire» de l'architecte mais la force du propos et de la démonstration atteint ici une intensité que ne saurait expliquer la seule mise en œuvre des «5 points d'une architecture nouvelle». Les pièces principales donnent sur la terrasse-jardin intérieure. Une rampe débouche sur un toit-terrasse-solarium protégé du vent par des murs écrans. La «promenade architecturale» prend ici, avec une ampleur exceptionnelle, tout son sens.

SAVOYE

SAVOYE

245

245

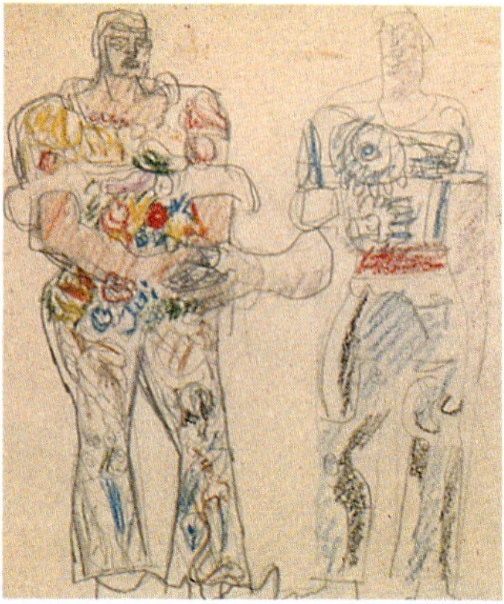

Travailler c'est respirer

Architecte, urbaniste, peintre, écrivain, Le Corbusier manifeste une puissance de travail exceptionnelle, fondée sur les solides qualités acquises dans son Jura natal, lors de ses jeunes années, mais aussi sur une grande rigueur dans l'organisation du travail et sur une ambition élevée. «Travailler n'est pas une punition, travailler c'est respirer! Respirer est une fonction extraordinairement régulière : ni plus fort, ni plus mou mais constamment.» Elle est fondée aussi sur le besoin de création. «La joie suprême, la vraie joie est de créer.» Il multiplie les rencontres, les expositions, les voyages, les tournées de conférences en Europe, en Amérique du Nord, en Amérique du Sud. Lui qui refusera toujours d'enseigner aime parler en public et exposer ses idées. Il illustre son propos de schémas préparés à l'avance sur de grandes feuilles blanches ou improvisés, au fil du discours. Après sa première visite en Union soviétique en 1928, il fait une tournée de conférences à Buenos Aires et Rio de Janeiro en 1929. Il accomplit son premier voyage aux Etats-Unis en 1935 où, lorsqu'il débarque à New York, il sidère les journalistes en leur déclarant tout de go que les gratte-ciel de Manhattan sont trop petits. Ce n'était ni une boutade ni une provocation mais l'expression de son opinion sur les centres d'affaires des villes modernes : il faut densifier les centres par la construction d'immeubles très élevés

Pour Le Corbusier, le béton était tout aussi «naturel» que la pierre. Il avait un sens aigu du matériau : consistance, densité, grain, rugosité, poli. Il venait fréquemment dessiner l'ouvrage en cours d'exécution, pour corriger ou compléter quelque détail, mettre au point un élément de second œuvre, lever ses propres doutes. Il appréciait la rencontre de l'ouvrier au travail. Dès son ouvrage *Vers une architecture*, il avait «porté l'ingénieur sur le pavois». «Les ingénieurs sont sains et virils, actifs et utiles, moraux et joyeux» alors que «les architectes sont désenchantés et inoccupés, hâbleurs ou moroses». Si l'architecture est faite pour émouvoir, alors que la construction n'est faite que «pour tenir», il souhaite l'essor d'une nouvelle profession liant en un dialogue inlassable et fraternel l'ingénieur et l'architecte, cette main gauche et cette main droite de l'art de bâtir. Ci-dessus, *Deux Hommes sur un chantier* et *L'Ingénieur et l'architecte*.

En 1929, Le Corbusier effectue son second voyage en Amérique du Sud. Sur le paquebot *Giulio Cesare*, il fait la connaissance de Joséphine Baker dont Paris avait eu la révélation quatre ans plus tôt dans *La Revue nègre*. Il exécute de la chanteuse, qu'il appelle «Joséphine au cœur limpide», plusieurs dessins et portraits, denses et émouvants.

afin de les espacer davantage dans de vastes parcs. Il confirmera cette opinion dans l'ouvrage qu'il consacrera en 1937 aux Etats-Unis : *Quand les cathédrales étaient blanches – Voyage au pays des timides*.

Lège et Pessac, deux groupements de logements sociaux

En 1923, l'industriel Henry Frugès, propriétaire d'une raffinerie de sucre près de Bordeaux, passionné d'art moderne et peintre amateur lui-même, commande à Le Corbusier deux ensembles de logements ouvriers, l'un à Lège, l'autre à Pessac. L'architecte va trouver là l'occasion d'expérimenter ses idées en matière de logement social et de groupement d'habitat. A Pessac, il réalise un ensemble de cinquante-trois logements répartis en maisons

Henry Frugès, industriel bordelais qui a fait fortune dans le sucre, découvre Le Corbusier en 1923, en lisant son livre *Vers une architecture*. Il fait appel à lui pour la réalisation d'une maison à Bordeaux, puis pour la construction de deux cités ouvrières : 7 maisons à Lège, et 53 à Pessac. Ci-dessous, une maison type de Pessac.

jumelées et en maisons juxtaposées en bande, toutes conçues sur un module constructif de base unique. Le Corbusier y développera sa recherche en matière de polychromie extérieure, cherchant par le jeu des blancs, des bleus, des verts et des bruns sur les façades et les pignons tout à la fois à ordonner et à animer l'ensemble. En dépit des difficultés techniques résultant de la mise en œuvre mal maîtrisée d'un «canon à béton» et de problèmes financiers sérieux, Henry Frugès soutiendra son architecte avec une exceptionnelle constance.

Corseaux, une petite maison

En 1924-1925, Le Corbusier construit pour ses parents, en bordure du lac Léman, à Corseaux près de Vevey, «la Petite Maison», modèle d'architecture minimale en surface et dans les moyens mis en œuvre. Le père de Le Corbusier, qui devait mourir en 1926, n'habita la Petite Maison qu'un an. Sa mère, «femme de courage et

A partir d'un modèle de base, conçu sur une travée carrée de 5 m, Le Corbusier crée à Pessac quatre types de maisons articulées dans différentes configurations. La réalisation se heurte à de nombreuses difficultés techniques et financières. Défiguré depuis par de multiples initiatives des propriétaires, l'ensemble fait l'objet d'une restauration. A droite, Le Corbusier à Pessac.

de foi», «entourée de l'admiration affectueuse de ses enfants», devait y vivre jusqu'à son décès survenu dans sa centième année, en 1960.

Deux palais : deux échecs

Etudiés l'un en 1927, l'autre en 1931, ni le projet du palais de la Société des Nations à Genève, ni celui du palais des Soviets à Moscou ne seront réalisés.

Pour le palais de la S.D.N., après avoir classé le projet Le Corbusier-Jeanneret parmi les neuf premiers ex-æquo, sur 377 candidats, le jury l'écartait, prétexte

«Le lac est à quatre mètres devant la fenêtre [...]. La surface à entretenir est de trois cents mètres carrés, moyennant quoi est acquise une vue incomparable et inaliénable [...]. La maison a deux mètres et demi de haut. C'est une boîte allongée sur le sol. Le soleil levant est accueilli à l'un des bouts par un lanterneau oblique; puis il tourne toute la journée devant. Le Conseil Municipal d'une commune proche se réunit et, considérant qu'une telle architecture constituait en fait, "un crime de lèse-nature", craignant par ailleurs qu'elle ne fit quelque émule (qui sait ?), il interdit qu'elle fut à jamais imitée.» (Le Corbusier, 1954). Ci-contre, la façade de «la Petite Maison».

pris que les dessins présentés étaient des tirages de plans et non des originaux. Une cabale, réunissant quelques diplomates peu accessibles à l'architecture moderne et quelques architectes plus soucieux d'académisme que de création, avait triomphé d'un projet novateur remarquablement étudié à tous points de vue : insertion dans le site, fonctionnalité, accessibilité, acoustique... Le Corbusier fut profondément meurtri par ce premier échec important et il devait exprimer son amertume dans plusieurs textes. En 1928, il publie *Une maison, un palais* et, dans un texte préface à la troisième édition de *Vers une architecture*, il proclame son indignation. «Nous avons soumis à Genève un palais moderne. Ah, mais quel scandale!... La bonne "société" attend un palais et pour elle, il n'est de vrai palais que les images enregistrées au cours d'un voyage de noces au pays des princes, des cardinaux, des doges ou des rois.»

Quant au palais des Soviets, il était issu d'un concours lancé par les autorités soviétiques et devait être implanté non loin du Kremlin. Les éléments dominants du projet de Le Corbusier et de Pierre Jeanneret sont constitués par deux salles

Le projet de palais des Soviets (ci-dessous) est une ample composition qui se développe autour d'un axe, aux extrémités duquel sont implantées deux salles. Un arc majestueux porte la couverture de la grande salle.

gigantesques, l'une de 15000, l'autre de 6500 places, implantées aux deux extrémités de l'axe d'une composition monumentale. Les autorités soviétiques seront effrayées par la modernité du projet dont la *Pravda* relève en janvier 1932 «l'esprit de l'"industrialisme" dépouillé contestable car il est traité comme une sorte de grand hangar à congrès». Le Corbusier, soutenu au niveau international par plusieurs amis, tentera de nouer un contact avec les autorités soviétiques, suggérera une solution de compromis avec Zoltovskij, l'architecte lauréat, mais il échouera ici, tout comme il avait échoué à Genève.

En 1923, la ville de Genève propose à la Société des Nations un terrain pour édifier son Palais. Un concours international est lancé et la S.D.N. décide de déléguer le choix du projet à un jury de neuf architectes. Le Corbusier voit dans le concours l'occasion d'accéder à une reconnaissance officielle éclatante au plan international. Son parti (ci-contre) comporte des éléments de grande composition classique dans une expression architecturale contemporaine qui offre nombre des éléments de son vocabulaire : plan libre, pilotis, fenêtres en longueur, terrasses. Après l'exclusion du projet Le Corbusier-Jeanneret, la réalisation est confiée à un groupe d'architectes de plusieurs nationalités, constitué à la demande d'un comité de cinq diplomates, eux-mêmes désignés par le jury.

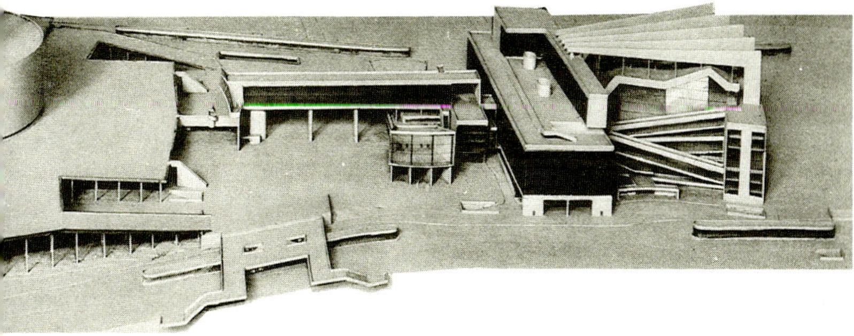

En 1929, l'Armée du Salut entreprend l'étude d'un nouveau centre d'accueil (ci-contre) destiné à 500 personnes déshéritées. La princesse de Polignac soutient financièrement le projet et favorise la désignation de Le Corbusier, qui trouve dans ce programme complexe aux fonctions multiples l'occasion de mettre en œuvre ses idées en matière d'habitat social. Il réalise une ossature dalles-poteaux en béton armé, une façade nord en briques et une façade sud qui présente sur une structure d'acier un mur rideau de verre, sans ouvrants, de près de 1000 m^2; mais la climatisation qui doit assurer le traitement thermique de cette façade se révèle défaillante et le mur rideau devra être remplacé par des baies ouvrantes derrière un jeu de brise-soleil polychromes. L'accès au bâtiment se fait grâce à un portique et une passerelle dont les détails empruntent à l'architecture du paquebot, et un petit volume en rotonde, éclairé par des parois en brique de verre, créée par Saint-Gobain en 1928. L'emploi du métal, du verre et de la céramique exprime à la fois les idées de Le Corbusier et les principes de l'Armée du Salut.

Paris, Genève, Moscou : des projets réalisés

Entre 1928 et 1930, Le Corbusier et Pierre Jeanneret réaliseront plusieurs projets importants. Issu d'un double concours international, le Centrosoyous, à Moscou, est un ensemble imposant qui associe un volume courbe et plusieurs prismes rectangulaires. La Cité de refuge de l'Armée du Salut, implantée à l'est de Paris, sur une parcelle de terrain exiguë, abrite trois ensemble de services : restaurants, hébergements pour hommes et femmes, ateliers de travail. Initialement, la façade du bâtiment principal n'était qu'un immense pan de verre clos fait d'une double paroi vitrée – le «mur neutralisant» –, l'aération devant être assurée, en saison chaude comme en saison froide, par un système de climatisation distribuant l'«air exact». Mais de nombreuses difficultés techniques et financières conduisirent rapidement à y renoncer.

Le pavillon suisse de la Cité universitaire de Paris abrite quarante-sept chambres d'étudiants et divers locaux de service. Dans plusieurs de ses dispositions, le bâtiment préfigure les principes que Le Corbusier mettra en œuvre dans les unités d'habitation.

L'immeuble Molitor est construit à la limite de Paris et de Boulogne, à proximité du bois de Boulogne. La structure est en béton armé mais la façade est libre, entièrement vitrée et animée de bow-windows. Au-dessus du sixième étage, Le Corbusier a construit sur le toit-terrasse l'appartement-atelier qu'il habitera de 1934 jusqu'à son décès, en 1965. L'atelier est situé à l'est ; Le Corbusier, lorsqu'il n'est pas en voyage, y peint chaque matin, réservant ses après-midi à l'architecture et à l'agence.

L'immeuble Clarté a été édifié dans le sud-est de Genève, sur la commande d'Edmond Wanner, industriel spécialisé dans la métallurgie du bâtiment. Il constitue une réalisation expérimentale à plusieurs titres : cellules avec une proportion importante de pièces de séjour sous double hauteur, recherche poussée de standardisation et de préfabrication des éléments de structure métallique et des huisseries, large utilisation de produits verriers.

Renouvelant ici le procédé que R. H. Turnock avait mis en œuvre sur huit étages, dans l'immeuble

Une double rangée de pilotis, fondés à très grande profondeur dans un sol difficile en raison des carrières, porte la dalle de béton sur laquelle est montée l'ossature du bâtiment principal du pavillon suisse de la Cité universitaire. Les éléments de structure ont été préparés en usine ; les cloisons et parois intérieures sont indépendantes de l'ossature de façon à assurer une excellente isolation acoustique à une cinquantaine de chambres. L'entrée et l'espace d'accueil sont aménagés dans un petit volume accolé. Une tour d'escaliers de forme concave est éclairée par un mur de dalles de verre.

L'immeuble Molitor, implanté à la limite de Paris et de Boulogne-sur-Seine, jouit d'une vue totale sur la capitale. Le Corbusier a réalisé une façade libre et transparente dans laquelle une fine ossature métallique, peinte en noir, soutient pour partie en porte à faux les glaces et les allèges en briques de verre Nevada. Sur le toit-terrasse, Le Corbusier a construit son appartement-atelier, recouvert d'une voûte en berceau.

Les pilotis du pavillon suisse de la Cité universitaire libèrent le sol, accusant ainsi l'opposition entre la nature et la «boîte construite», soulevée à 4 m au-dessus du terrain.

Brewster construit à Chicago en 1890, Le Corbusier utilise des dalles de verres dans l'escalier.

Le Weissenhof et les «5 points d'une architecture nouvelle»

En 1927, l'association Deutscher Werkbund, qui s'efforce de favoriser l'intégration de l'art, de l'industrie et de l'artisanat, lance l'idée de construire au Weissenhof, sur une colline à proximité de Stuttgart, un ensemble de logements, maisons individuelles et immeubles collectifs, dont la conception serait confiée à quelques-uns des architectes les plus novateurs de l'époque. C'est à Mies Van der Rohe, son vice-président, qu'est confiée la direction de l'opération. Parmi une quinzaine d'hommes de l'art, outre Mies Van der Rohe lui-même, Peter Behrens, J. J. P. Oud, Bruno et Max Taut, Ludwig Hilberseimer, Walter Gropius, Victor Bourgeois, Adolf Rading et Josef Frank participent au projet. Le Corbusier réalise au Weissenhof deux maisons individuelles conçues à partir des principes de la maison Citrohan. Le Weissenhof constitue une

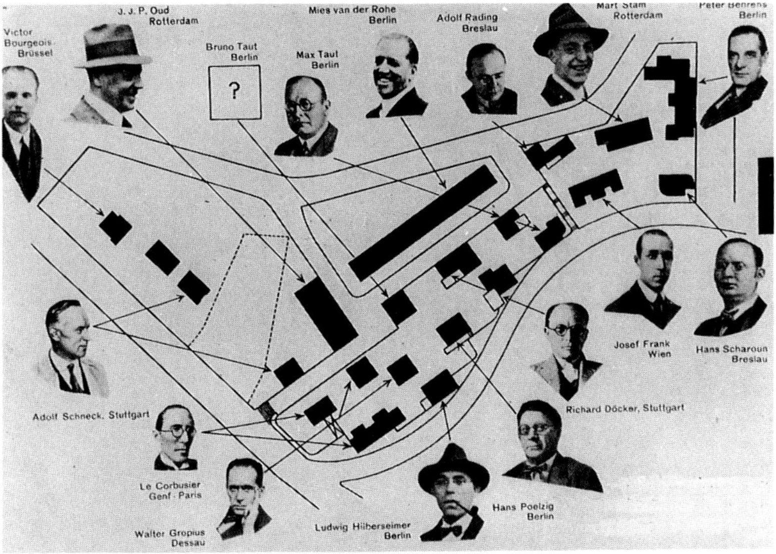

expérience architecturale unique au monde, qui provoquera, par la confrontation des idées et des projets, de larges débats dans les milieux de l'art et de l'architecture.

La publication par Le Corbusier, à l'occasion du Weissenhof, des «5 points d'une architecture nouvelle» ne pouvait d'ailleurs que contribuer à aiguiser ces débats. Dans ce texte, l'architecte expose les idées qu'il a dégagées depuis plusieurs années, à travers l'étude de ses projets, sur les apports du béton armé à l'architecture moderne, d'une manière délibérément schématique : 1. les pilotis ; 2. le plan libre ; 3. la fenêtre en longueur ; 4. la façade libre ; 5. le toit-jardin. Chacun de ces éléments peut être considéré isolément mais tous sont reliés entre eux. La formulation des «5 points d'une architecture nouvelle», aussi simple et quasi dogmatique, peut surprendre et sembler contraire à la démarche de Le Corbusier, à l'opposé de la liberté et du pragmatisme avec lesquels il abordait chaque nouveau projet. Elle peut paraître réductrice par rapport à la richesse et à la diversité de l'œuvre. Pourtant, les «5 points»

Le Corbusier construit au Weissenhof deux maisons voisines qui illustrent avec force, les «5 points d'une architecture nouvelle». L'architecte s'efforce de pousser aussi loin qu'il peut la standardisation et l'industrialisation de la construction. Il entend faire une démonstration des possibilités d'une production de masse, économique. Il souhaite aussi démontrer qu'une construction par éléments standardisés permet la création d'une nouvelle esthétique et offre, par les combinaisons multiples des standards, une grande liberté au créateur.

expriment bien les principes qui sous-tendent la plupart de ses réalisations dans la relation structure-forme avec les moyens offerts par le béton armé.

Les premières réalisations architecturales dans lesquelles étaient apparus certains éléments des «5 points» remontent à une trentaine d'années. Dès 1889, William Le Baron Jenney (1832-1907) avait construit à Chicago le Leiter Building, «immeuble à ossature» sans mur porteur et dont les fenêtres tendent à occuper toute la surface des façades. Peter Behrens

(1868-1940), dans l'usine de turbines de la firme A.E.G. à Berlin (1909), a libéré les espaces intérieurs et dégagé en façade de grandes surfaces vitrées. Frank Lloyd Wright (1867-1959) a recherché la fluidité des espaces – *flowing space* – avec l'interpénétration des volumes, le jeu de hauteurs sous plafonds différentes, la force

Malgré les réticences des architectes, le béton armé va trouver sa place dans la construction et, au tournant du siècle, grâce à une poignée de créateurs en Europe et aux Etats-Unis, permettre une révolution de l'architecture. Ci-contre, de haut en bas, l'usine A.E.G. de Behrens (1909) à Berlin, Robie House de Frank Lloyd Wright (1909) à Chicago et le Leiter Building de William Le Baron Jenney (1889) à Chicago. On va voir se réconcilier la logique constructive et l'expression plastique – la construction et l'architecture –, l'une et l'autre pouvant enfin trouver des réponses propres et jouer leurs rôles distincts, grâce à l'ossature poteaux-poutres ou poteaux-dalles. Dans ce mouvement, Le Corbusier a voulu, en formulant les «5 points», poser un jalon, prendre date et clarifier les positions. Son mérite ne revient pas dans leur invention mais dans leur mise en œuvre dynamique étroitement combinée et dans la clarté de leur formulation.

d'expression des lignes horizontales, l'étirement en longueur des fenêtres rubans – *ribbon windows*. Walter Gropius (1883-1969), lorsqu'il a construit l'usine d'embauchoirs Fagus à Asfeld-sur- la-Leide, en 1911, et le bâtiment du Bauhaus de Dessau en 1926, n'a utilisé aucun mur porteur; les façades sont vitrées, libres dans les angles, détachées de la structure placée en retrait à l'intérieur des bâtiments. Le groupe De Stijl, fondé en Hollande par Théo Van Doesburg en 1917, a développé de son côté ses idées sur l'unité de la maison et l'interpénétration des surfaces verticales et horizontales. La maison Schröder construite par Gerrit Rietveld à Utrecht en 1924 en concrétisera les idées de manière éclatante. Mies Van der Rohe (1886-1969) pour sa part, a exploité toutes les possibilités structurelles du béton armé en faveur de la libération des espaces intérieurs, de l'interpénétration des volumes, de la communication intérieur-extérieur et de la transparence, notamment avec son projet de gratte-ciel transparent dès 1919-1921 et, en 1923, dans ses «maisons de campagne». Au Weissenhof, il construit un immeuble collectif sur une structure d'acier permettant un véritable plan libre.

Les «poteaux», avec les poutres ou les dalles qu'ils supportent, constituent l'ossature indépendante qui permet de supprimer les murs et d'aménager librement le cloisonnement intérieur. C'est le «plan libre» : la possibilité d'interpénétration des espaces, d'organisation différente de chaque niveau. Du fait même de l'indépendance de l'ossature et de la liberté du plan, la façade peut elle-même s'organiser librement : structure et isolation sont indépendantes. Le «toit-terrasse-jardin» offre une surface libre accessible à l'air, à la lumière et au soleil. Ci-dessus, le plan libre du hall de la villa Stein, à Garches.

L'équipement du logis

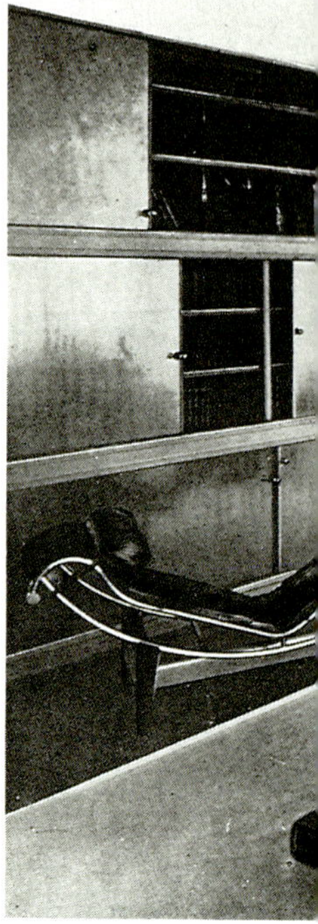

Pour Le Corbusier, l'aménagement de l'espace habité doit être appréhendé à tous les niveaux : le territoire, la ville, la maison et à l'intérieur de celle-ci son «équipement». Ses choix le portent sur des meubles de plus en plus simples. Il veut ramener le mobilier à ses fonctions essentielles, élémentaires. La table, la chaise, le fauteuil, la chaise longue et le lit doivent répondre à des fonctions biologiques et se régler sur le corps de l'homme. Quant au rangement des objets, des livres, des ustensiles et du linge, des éléments simples et peu différenciés peuvent répondre aux besoins. Il ne parle d'ailleurs pas de mobilier mais de l'«équipement du logis».

Dans ses villas puristes, il s'efforce d'amener ses clients à l'emploi de meubles banals, de créateurs anonymes. Il utilise ainsi largement les sièges Thonet en bois courbé. Il va s'engager dans un processus de création caractérisé par la rigueur de l'équipement : par rapport à sa fonction, par rapport à l'architecture et par rapport aux conditions de sa production industrielle. Il crée des «casiers», juxtaposables puis superposables, incorporés à l'architecture.

Entre 1926 et 1930, plusieurs architectes et créateurs vont entreprendre d'utiliser le tube d'acier pour la structure métallique de certains meubles. En 1926, Eileen Gray crée sa «table ajustable» et Breuer son fauteuil. En 1927, Mies Van der Rohe et Mart Starm présentent au Weissenhof des meubles à structure métallique. Le Corbusier, avec Pierre Jeanneret et

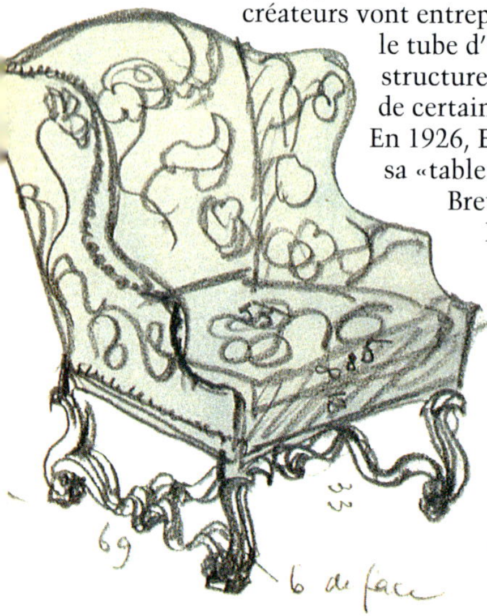

Le Corbusier amène Charlotte Perriand à prendre ses distances avec les arts décoratifs traditionnels. Elle a travaillé avec Le Corbusier et Pierre Jeanneret, de 1927 à 1937, puis de nouveau dans les années 1950.

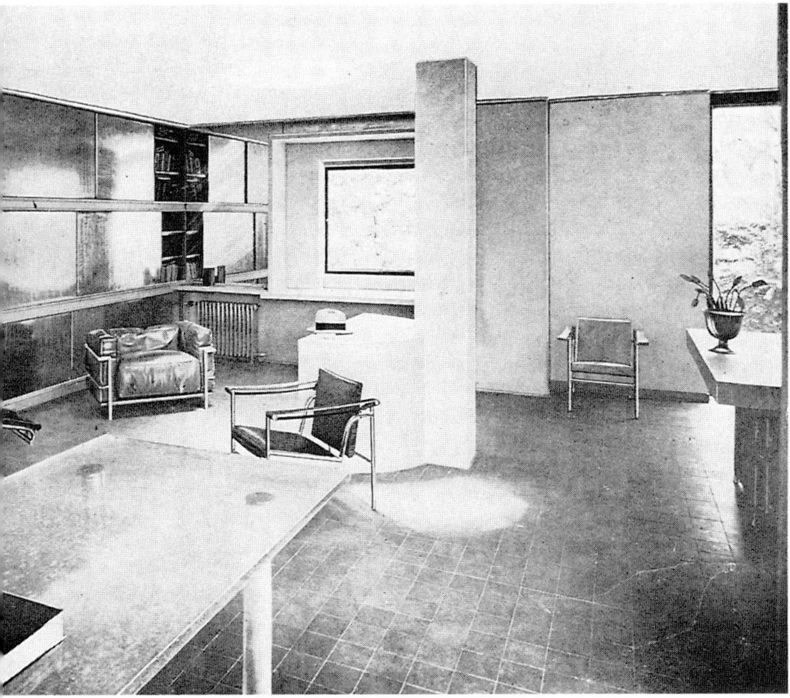

Charlotte Perriand, qui a rejoint l'agence de la rue de Sèvres en octobre 1927, aboutit en 1928 à la création d'une gamme complète de meubles qu'ils utilisent pour l'équipement de la villa Church puis de la villa La Roche. Elle sera présentée avec les casiers au Salon d'automne, à Paris, en 1929. La force de ces meubles vient de l'extrême dépouillement du dessin de leur structure et de la simplicité de la relation entre celle-ci et les autres éléments. D'abord produits par la maison Thonet, ces meubles vont progressivement s'imposer comme de grands classiques.

Le Corbusier ramène le mobilier à ses fonctions essentielles, un «équipement du logis» conforme esthétiquement et moralement à l'architecture puriste des villas qu'il meuble parfois lui-même (ci-dessus, la bibliothèque de la villa Church). Fauteuils, tables, casiers de rangement... le dépouillement extrême des lignes est intimement lié à la simplicité de la structure et des matériaux.

L'Art décoratif d'aujourd'hui

En 1925, Le Corbusier publie *L'Art décoratif d'aujourd'hui*, dans lequel il expose ses idées sur ce qu'il est convenu d'appeler la «décoration». L'illustration veut surprendre, voire choquer.

Un bidet ouvre le chapitre sur les musées. Les fuselages d'avion, les turbines électriques, les automobiles Voisin s'opposent aux commodes Louis XV. Le message est clair sinon cinglant : pour Le Corbusier, les objets utiles qui entourent les hommes sont leurs serviteurs ; il faut en exiger de l'exactitude et une présence modeste. Il fustige l'idolâtrie envers le passé et rejette l'idée que les modèles sont dans les musées. Pour lui, le folklore n'a d'intérêt que s'il permet de percer la logique de création et d'usage. Provocateur, Le Corbusier proclame la «loi du Ripolin». «Chaque citoyen est tenu de remplacer ses tentures, ses damas, ses papiers peints, ses pochoirs, par une couche de Ripolin blanc. On fait propre chez soi... Puis on fait propre en soi...»

La leçon de l'ouvrage s'exprime dans une formule choc : «L'art décoratif moderne n'a pas de décor.» Pour Le Corbusier, la perfection de l'objet découle des contraintes techniques et économiques. S'il rejette une conception fonctionnaliste pour l'architecture, qui «est au-delà des choses utilitaires», Le Corbusier paraît s'y rallier pour l'objet produit industriellement.

Maison Pirsoul.

Dans *L'Art décoratif d'aujourd'hui,* Le Corbusier oppose l'objet utile aux objets du folklore et des musées.

Les Congrès internationaux d'architecture moderne

A partir de 1928 et durant une trentaine d'années, Le Corbusier allait trouver un cercle exceptionnel pour assouvir son besoin d'échange d'idées et de débats. Avec quelques amis et l'aide généreuse de Hélène de Mandrot, il convient de réunir un certain nombre d'architectes, d'artistes, de critiques d'art et d'hommes politiques, pour ouvrir par-delà les frontières une réflexion de portée générale sur l'architecture et sur l'urbanisme.

Cette initiative devait donner naissance aux Congrès internationaux d'architecture moderne, couramment appelés C.I.A.M. Chaque congrès traite plus particulièrement d'un thème : les fondements

de l'architecture moderne, recherche d'une nouvelle esthétique, l'habitat à loyer modéré, les groupements d'habitation, l'urbanisme, logis et loisirs, architecture et esthétique, villes nouvelles et centres sociaux, le cœur des villes, l'habitat humain. Du congrès de 1933, l'un des plus féconds, sont nés les principes de *La Charte d'Athènes* – habiter, cultiver le corps et l'esprit, travailler, circuler, conserver le patrimoine historique – que Le Corbusier publiera en 1943.

Les participants du premier C.I.A.M., en 1928 : on reconnaît Le Corbusier à la droite d'Hélène de Mandrot, debout au centre.

Le Corbusier a toujours eu un goût très vif pour l'automobile, expression de progrès, de vitesse et de modernité. En 1925, il achète une grosse Voisin de 14 CV qu'il photographie souvent devant ses constructions. En 1928, il dessine un projet de voiture «maximum» (ci-contre), qui offre, sous des matériaux et des formes très simples, le meilleur habitat possible.

Les années qui suivront la Seconde Guerre mondiale verront Le Corbusier parvenir à l'épanouissement de son art. L'Unité d'habitation de Marseille concrétise ses idées essentielles sur l'habitat social. La chapelle de Ronchamp exprime, dans le béton, une extraordinaire élévation de l'esprit. Avec son œuvre peint, sculpté, tissé et gravé, Le Corbusier réalise la «synthèse des arts majeurs».

CHAPITRE IV
L'ÉPANOUISSEMENT

L'Unité d'habitation de Marseille manifeste l'avance que Le Corbusier avait sur les hommes de l'art de son temps. Malgré les obstacles, il lui consacre, pendant sept ans, le meilleur de lui-même afin de réaliser cette étape décisive d'une longue réflexion en matière d'urbanisme et d'architecture.

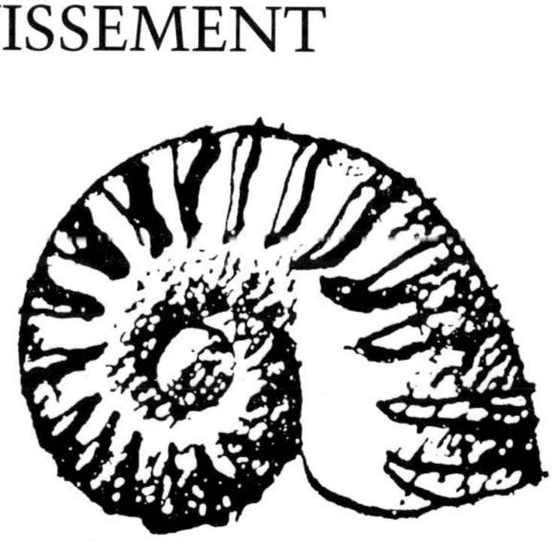

Les hostilités, puis l'occupation de la France par les troupes allemandes, vont stopper presque toute activité de construction. Après quelques études de baraquements pour réfugiés et d'écoles démontables, certaines effectuées avec Jean Prouvé, Le Corbusier se résout, en juin 1940, à fermer son agence. Avec sa femme et son cousin Pierre Jeanneret, il se réfugie pour quelques mois à Ozon, petit village des Pyrénées où il s'adonne surtout à des travaux d'écriture et de dessin. Quelques années plus tard, certains tableaux et certaines sculptures, dans la série des *Ozon*, trouveront leur origine dans les esquisses qu'il y exécute, et leur appellation dans le nom de ce village.

L'échec de Vichy

En 1941, Le Corbusier se voit confier par le ministre de l'Intérieur, Marcel Peyrouton, une mission au sein du Commissariat à la lutte contre le chômage. Peu après, il est nommé dans le comité présidé par le conseiller d'Etat Latournerie, chargé de proposer les mesures propres à rendre une activité normale à l'industrie du bâtiment.

Le Corbusier s'efforcera souvent, tout au long de sa carrière, d'obtenir l'appui de multiples autorités politiques pour réaliser ses projets d'urbanisme et d'architecture. Le plus souvent, ses contacts avec le

Le Corbusier installe son agence au 35 de la rue de Sèvres à Paris, dans une ancienne maison de jésuites, en septembre 1924. C'est une vaste pièce, toute en longueur, avec dix fenêtres d'un seul côté, en face desquelles les tables des dessinateurs sont alignées. Auprès de Le Corbusier, l'encadrement de l'atelier, d'abord assuré par son cousin Pierre Jeanneret, sera ensuite pris en charge par André Wogenscky, jusqu'en 1956. Une foule d'étudiants et de jeunes diplômés ne cesse de frapper à la porte de l'agence. Main-d'œuvre d'appoint le plus souvent gratuite, avide de recevoir l'enseignement pratique du maître. Ils ont diffusé sa pensée dans le monde entier.

monde politique échoueront. Le caractère novateur de ses idées, l'ambition de ses projets, l'expression souvent dogmatique de son discours effrayent les autorités officielles rarement ouvertes aux problèmes de l'architecture moderne. Il n'est d'ailleurs pas diplomate. Des hommes de droite l'accuseront d'être communiste ; des hommes de gauche d'être fasciste. La diversité des contacts qu'il prend prouve assez, à elle seule, qu'il n'exprime dans ses démarches auprès des autorités aucune inclination politique. Le Corbusier veut construire et aménager la ville. Il s'adresse donc à ceux qui détiennent la possibilité de lui en donner les moyens. Quand il écrit *La Ville radieuse* en 1935, il dédie l'ouvrage «A l'autorité» et il l'adressera plus tard, directement, à Staline, Mussolini, Pétain et Nehru.

Le Corbusier entreprend en 1928 des recherches plastiques qui vont de plus en plus échapper à la rigueur et à la transparence des œuvres des années 1920. Il assemble des os, des racines, des cordages, «objets à réaction poétique». Il utilise la figure humaine et oppose ou superpose les lignes, les plans et les couleurs avec une tension nouvelle. La femme, monumentale, apparaît de plus en plus souvent. Vers 1939-1940, il multiplie, dans la série des *Ubu* et des *Ozon*, ce qu'il appellera des «formes acoustiques», pour lesquelles il repart parfois de certains thèmes puristes et qu'il reprendra dans des œuvres sculptées. Une part de travail de l'inconscient et une dimension surréaliste transparaissent. Dans un collage effectué à Vichy durant la guerre, *Crise du tabac et vie de chameau* (ci-contre), alors que sévissent de dures restrictions alimentaires et le rationnement du tabac, il emploie toutes sortes de papiers de paquets de cigares et de cigarettes – dont un de Camel avec son célèbre chameau – pour brosser un visage angoissant qui surmonte cette pipe blanche souvent présente dans ses tableaux puristes.

Une décennie d'exceptionnelle fécondité

Les années qui suivront la fin de la guerre vont, avec la reprise progressive de la vie de l'agence et après une rupture de près de dix ans, connaître une intense activité dans les trois domaines de la production architecturale et urbanistique, des arts plastiques et de l'écriture.

La loi du 31 décembre 1940 a prévu que le port du titre d'architecte est soumis à l'inscription au tableau de l'Ordre. Le Corbusier a donc sollicité, comme Auguste Perret d'ailleurs, l'autorisation de s'inscrire sans les diplômes requis mais en considération de son œuvre exceptionnelle. Il obtiendra son inscription le 20 avril 1944.

Le nombre de projets réalisés par l'agence Le Corbusier en quelques années est impressionnant et démontre à lui seul qu'il serait inexact de penser que Le Corbusier a beaucoup projeté et peu construit.

L'Unité d'habitation de Marseille

En 1945, afin de lutter contre la crise sévère du logement dont souffre la France, le gouvernement décide le lancement d'un programme d'«immeubles sans affectation individuelle» (I.S.A.I.), financé par l'Etat. Raoul Dautry, polytechnicien, qui était administrateur des chemins de fer lorsque Le Corbusier l'a connu quelques années plus

L'Unité d'habitation de Marseille, implantée sur un axe nord-sud, compte 330 logements de 23 types différents. Exceptés ceux du pignon sud, ils ont une double orientation. 17 portiques supportent, sur une double rangée de pilotis, une galerie technique au-dessus de laquelle s'élève l'ossature en béton armé. Les pilotis assurent le passage des gaines de fluides et d'évacuation des déchets ménagers.

tôt, est alors le premier ministre de la Reconstruction et de l'Urbanisme. Ouvert à l'architecture moderne, il confie à Le Corbusier la réalisation d'un de ces immeubles à Marseille.

Le Corbusier va saisir là une occasion de concrétiser enfin les idées sur lesquelles il travaille depuis vingt-cinq ans en matière de logement. Cette opération constitue à ses yeux une quadruple expérience : de conception d'habitat, de réalisation technique, de recherche sociale et d'innovation urbanistique. Opposé aux cités-jardins des banlieues, il entend construire la «cité-jardin verticale» issue de ses premières études de l'immeuble-villas (1922). Il veut démontrer que les techniques modernes de construction permettent de répondre dans un même édifice aux besoins individuels et aux besoins collectifs. Le souvenir de la chartreuse d'Ema, découverte en 1907 en Toscane, ne l'a pas quitté. Il construira donc l'«unité d'habitation de grandeur conforme», qu'il qualifie ainsi parce que les dimensions des pièces et l'organisation de leurs équipements sont tout particulièrement étudiées en relation avec la dimension du corps humain.

Le bâtiment est construit sur une ossature en béton armé dont les planchers, les plafonds et les murs

L'accès s'effectue soit dans la partie haute, soit dans la partie basse des appartements, reliées par un escalier intérieur. La cellule a 3,66 m de largeur et 2,26 m de hauteur, portée à 4,84 m dans la partie double du séjour. Toutes les dimensions de l'Unité (ossature sur une trame carrée de 4,19 m) sont basées sur le Modulor.

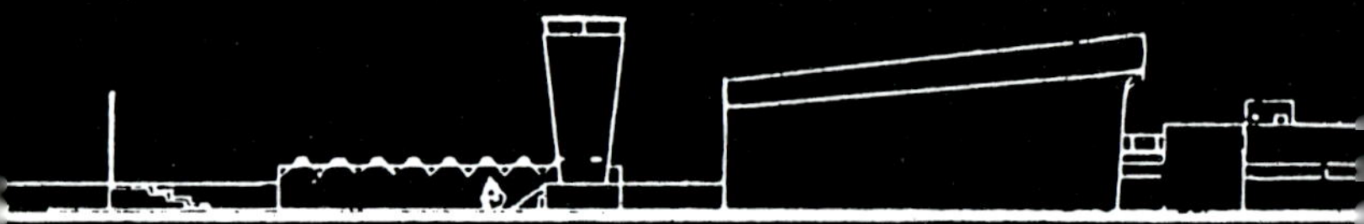

Grâce aux pilotis qui «soulèvent» le premier plancher à 8 m, le sol est libre sous l'unité. Le toit-terrasse, qui se développe au dernier niveau, offre une autre liberté. Pour Le Corbusier, il représente un élément majeur de la dimension sociale de l'unité. Si la rue intérieure des 7e et 8e étages reçoit des locaux commerciaux, le toit-terrasse abrite des équipements destinés à une école maternelle, un gymnase, une piste de course à pied, un petit théâtre en gradins, des «collines artificielles» pour les jeunes enfants. Mais il ne répond pas seulement à des besoins collectifs : Le Corbusier retrouve là, dans cette lumière, entre le ciel et la ville, le climat de la Méditerranée. Il va «composer» le toit-terrasse, jouer des pleins et des vides, accorder des courbes et des droites, rythmer une grande fresque de béton. L'auvent du gymnase, les cheminées de ventilation, la tour des ascenseurs, les murs du solarium, les volées d'escaliers et les bancs adossés au garde-corps, constituent une colossale «sculpture acoustique» dont les formes se répondent, et jouent dans le regard, avec tout le paysage alentour.

des appartements sont indépendants. L'isolation acoustique est donc parfaite. Six «rues» intérieures, dont l'une est bordée de commerces et d'un hôtel, desservent les logements. Le pignon nord du bâtiment est aveugle. Sur les trois autres faces, les appartements donnent sur des loggias. Le bâtiment, malgré la grande profondeur des logements, s'ouvre largement à la lumière mais celle-ci est maîtrisée. Les réseaux de fluides ont fait l'objet d'études poussées. Les appartements sont climatisés. Les aménagements intérieurs, créés avec Charlotte Perriand, bénéficient d'installations et d'une organisation exceptionnelle. Les appartements comportent de nombreux casiers de rangements intégrés. Un petit sas permet de faire entrer directement dans la cuisine les livraisons, depuis la rue intérieure.

La préfabrication de nombreux éléments, à l'époque encore mal maîtrisée, ainsi que de multiples

L'Unité d'habitation de Marseille a constitué tout à la fois la réalisation d'un «modèle» et une expérimentation, notamment du point de vue technique. L'organisation des distributions de fluides, l'évacuation des déchets, le traitement de l'air ont fait à eux seuls l'objet d'exigences inhabituelles pour l'époque. Mais plus encore, le confort offert au niveau de la cellule était hors du commun. Les surfaces excédaient de 45 % en moyenne celle des normes alors en vigueur et les conditions d'isolation acoustique n'avaient jamais atteint un tel niveau en matière d'habitat social. Malgré toutes les difficultés rencontrées et malgré tous les dénigrements soulevés, administrations et architectes en tireront nombre d'enseignements. Trois autres unités d'habitation seront construites : à Nantes-Rezé (1953-1955, ci-contre), à Briey, non loin de Metz (1955-1958) et à Firminy, près de Saint-Etienne (1965-1967). Le Corbusier établira en outre le projet d'une unité pour Berlin mais il n'en suivra pas lui-même la réalisation (1956-1958).

difficultés techniques provoquèrent incidents et retards importants. L'Etat, de son côté, parvenait difficilement à résoudre certains problèmes tenant à l'originalité des I.S.A.I. et du projet de Le Corbusier. Nombre d'adversaires résolus de l'architecte déployèrent leurs efforts contre la réalisation. Arrêté à plusieurs reprises, poursuivi pendant que six ministres de la Reconstruction se succèdent dans l'instabilité politique de la IVe République, le chantier durera cinq ans. Entrepris en octobre 1947, «l'immeuble du Fada», comme l'appellent les Marseillais, est inauguré le 14 octobre 1952.

Au point de vue social, la Cité radieuse ne répondra pas pleinement aux espoirs de son créateur. Dès après son inauguration, l'Etat a commencé de vendre les logements et la cité est devenue, en 1954, une copropriété ordinaire. Les services communs ont cessé de fonctionner ou fonctionnent mal. Les commerces de la rue intérieure, pratiquement inaccessibles de l'extérieur, parviennent difficilement à maintenir leurs activités ; sur le toit-terrasse, le gymnase est devenu privé. Mais au triple point de vue de l'habitat, de la technique constructive et de l'urbanisme, la Cité radieuse a été en son temps une avancée importante et un succès incontestable.

André Wogenscky dirige la réalisation de l'Unité d'habitation de Marseille et engage très tôt une réflexion sur l'aménagement de la cellule. Les progrès des «arts ménagers», dans les années 1950-1960, s'amorcent à peine. Il en apprécie toute l'importance mais déplore le désordre avec lequel on dispose les éléments. Charlotte Perriand, dont les derniers travaux avec Le Corbusier remontent à 1937, rejoint l'équipe chargée de l'unité et va jouer un rôle important dans l'étude des aménagements intérieurs. Les cuisines seront livrées avec un niveau d'équipement exceptionnel pour l'époque – aération active, broyage de déchets, armoire de réfrigération, cuisinière électrique...

Ronchamp, l'exaltation lyrique du béton

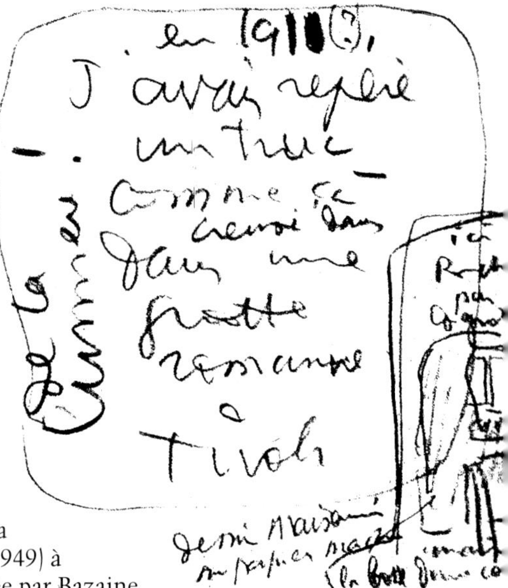

Dans les années qui suivent la Seconde Guerre mondiale, les Commissions d'art sacré, sous l'impulsion des pères Couturier et Régamey, s'efforcent de promouvoir un programme de constructions religieuses dans un esprit de création d'art et d'architecture. L'église du plateau d'Assy, entreprise en 1937, est achevée en 1957, avec des décors de Bazaine, Chagall, Léger, Lurçat et Rouault sur les plans de Maurice Novarina qui a construit entre-temps (1949) à Audincourt, une église décorée par Bazaine, Léger et Le Moal. En 1950, Matisse conçoit et décore la chapelle du Rosaire à Vence.

À Ronchamp, sur cette colline qui domine la trouée de Belfort, dans le paysage ample et sévère des Vosges, l'église néo-gothique édifiée en 1924 s'est écroulée sous les bombardements de 1944. L'archevêché de Besançon souhaite faire appel à Le Corbusier pour la remplacer et on lui dépêche le chanoine Ledeur et François Mathey. Avec le père Couturier que Le Corbusier connaissait depuis quelques années,

Le parti architectural de la chapelle Notre-Dame du Haut de Ronchamp est arrêté dès les premières esquisses. De nombreux petits croquis des «carnets» témoignent d'un processus exprimant ce qui constituait sans doute pour Le Corbusier une forme d'évidence. Il s'agit pourtant d'une architecture complexe dont la conception est nourrie de multiples références, comme le souvenir d'une visite en 1911, de la villa Adriana, à Tivoli, qui inspira les sortes de pièges à lumière en forme de tours dressées sur la chapelle.

ils parviennent à convaincre l'architecte d'accepter la responsabilité du projet.

Dès sa première visite du site, Le Corbusier crayonne sur l'un de ses «carnets» une esquisse dont les études ultérieures conserveront l'essentiel. La chapelle est un édifice complexe, fait de multiples volumes emboîtés les uns dans les autres mais l'ensemble apparaît comme un corps unique, dynamique, offert aux vastes horizons qui l'entourent de tous côtés. Les bancs et la croix ont été sculptés par Joseph Savina, l'ébéniste breton avec lequel l'architecte réalisera tout son œuvre sculpté. A proximité de la chapelle, Le Corbusier a construit la maison du gardien et la maison des pèlerins.

Plus que toute autre architecture de Le Corbusier, à l'extérieur comme à l'intérieur, Ronchamp se découvre en marchant. «La bonne architecture "se marche" et "se parcourt" au-dedans comme au-dehors. C'est l'architecture vivante.»

Le plan, bien qu'il s'organise sur une croix, est dissymétrique. Une structure de piliers et de poutres de béton supporte une couverture en forme de conque vide ou d'aile d'avion épaisse, en béton brut de décoffrage, et dont l'idée, dira Le Corbusier, lui a été inspirée par une coque de crabe. Elle déborde largement des murs, eux-mêmes curvilignes et pour partie inclinés, construits en maçonnerie et en pierres provenant de l'église détruite. Trois chapelles secondaires, sont surmontées de sortes de «coiffes» de béton en forme de manches à air de paquebot. La situation de la chapelle, au sommet de sa colline, entourée de prés, et sa chaire extérieure permettent l'organisation de pèlerinages et d'offices célébrés en plein air.

A l'exception de la coque de couverture en béton brut, la chapelle Notre-Dame du Haut de Ronchamp est recouverte d'un crépi blanc. Plusieurs éléments animent les murs comme autant de sculptures : petites ouvertures avec leurs vitraux peints par Le Corbusier, gargouille et bassin qui recueillent les eaux de pluie, chaire extérieure. La porte est revêtue de tôles d'acier dont les émaux, de l'architecte, ont été réalisés dans les ateliers Jean Martin à Luynes. Les formes courbes s'offrent au regard, accueillantes mais tendues dans une sorte d'exaltation lyrique. Dans une simple chapelle, Le Corbusier est parvenu à créer, par la dimension spirituelle conférée à l'architecture, l'un des plus grands édifices religieux du XXe siècle. «L'architecture est un événement qui surgit en tel instant de la création où l'esprit, préoccupé d'assurer la solidité de l'ouvrage, d'apaiser les exigences du confort, se trouve soulevé par une intention plus élevée que celle de simplement servir et tend à manifester des puissances lyriques qui nous animent et nous donnent la joie.»

L'usine Duval, les maisons Currutchet et Jaoul

Le Corbusier, dans le même temps qu'il construit l'Unité d'habitation de Marseille, poursuit la réalisation de plusieurs projets tels l'usine Duval à Saint-Dié (1946-1950), la maison du docteur Currutchet à Buenos Aires (1949) ou les maisons Jaoul à Neuilly-sur-Seine (1951-1955). Chacune de ces réalisations marquera, dans sa nature propre et dans son contexte, une étape dans l'œuvre construit. L'usine Duval, particulièrement étudiée du point de vue fonctionnel, est la première réalisation de l'architecte où des brise-soleil sont mis en place ; elle oppose le grès rose de la région, sur les deux

A l'intérieur de Ronchamp, Le Corbusier a travaillé la lumière, «assiette fondamentale de l'architecture». Elle pénètre dans la chapelle par les vitraux des petits percements, par les «coiffes» des chapelles secondaires et par le «jour» qui sépare l'arête des murs de la couverture.

Les maisons Jaoul (ci-contre) ont été construites à Neuilly pour l'habitation de deux familles. Les plans sont peu différents : pièces principales au rez-de-jardin, chambres aux étages. Tous les éléments ont été calculés au Modulor. La structure elle-même s'organise sur trois murs porteurs, en deux travées parallèles. A l'extérieur alternent le bois, la brique et le béton brut.

pignons aveugles, à l'ossature en béton brut de la façade. La maison Currutchet concilie des éléments puristes avec les contraintes du climat local. Les maisons Jaoul dont les façades associent la brique et le béton, expriment le passage à une expression «brutaliste» que l'usine Duval avait amorcé. Les couvertures, en voûtes catalanes faites de briques plates, offrent un profil surbaissé qui contribue à l'intimité des volumes.

Chandigarh : l'appel de Nehru

L'œuvre majeure des dix dernières années de la vie de Le Corbusier viendra de l'Inde. L'Etat du Pendjab, né en 1947 d'un partage entre l'Inde et le Pakistan, doit construire sa capitale Chandigarh. Le pandit Nehru a demandé à Albert Mayer, architecte américain, un premier schéma directeur d'urbanisme. Mais Charles Nowicki, architecte polonais, collaborateur de Mayer, chargé des projets d'édifices publics, est tué dans un accident d'avion et le contrat d'Albert Mayer n'est pas conclu. En 1950, Nehru délègue en Europe P. N. Thapan, administrateur d'Etat, et P. L. Varma, ingénieur en chef. Tous deux rencontrent Maxwell

Jean-Jacques Duval, industriel dont la fabrique de bonneterie avait été partiellement détruite pendant la guerre, en confie la reconstruction à Le Corbusier en 1946. L'architecte réalise un bâtiment principal de trois étages montés sur une double rangée de pilotis et couronné d'un toit-terrasse sur lequel sont aménagés les bureaux. Dans une disposition analogue à celle du pavillon suisse de la Cité universitaire de Paris, Le Corbusier installe les espaces d'accueil et un escalier dans un bloc distinct. La façade reçoit le premier brise-soleil réalisé en France, peu de temps avant celui de l'Unité d'habitation de Marseille.

Fry et Jane Drew, deux architectes anglais, membres des C.I.A.M., qui leur suggèrent de contacter Le Corbusier. En dépit des difficultés exceptionnelles du projet, après quelques hésitations, Le Corbusier accepte, se voit nommé, en novembre 1950, consultant général pour l'étude de Chandigarh

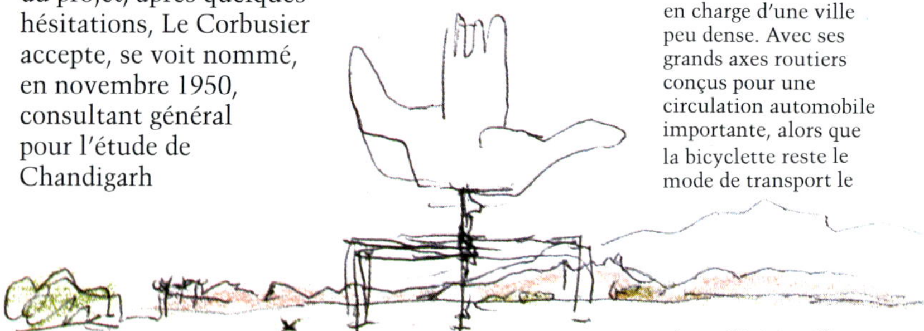

et désigne trois architectes pour suivre sur place la réalisation du projet : Maxwell Fry, Jane Drew et Pierre Jeanneret, son propre cousin, avec lequel il s'associe de nouveau et qui jouera sur place un rôle majeur tout au long de la réalisation des projets. En 1951, il entreprend l'étude du plan d'urbanisme de la ville et, le 22 novembre, il se rend auprès du pandit Nehru pour lui dire la joie qu'il éprouve devant la tâche à accomplir et sa disponibilité d'intelligence et de cœur. Déjà il lui fait part de son obsession de la «Main ouverte» dont il voudrait faire un monument.

Le pandit Nehru, Premier ministre de l'Inde, a voulu faire de son pays un grand Etat. L'invitation qu'il lance à Le Corbusier manifeste l'ambition de modernité qu'il entend donner au projet de la nouvelle capitale du Pendjab. Conformément au souhait de Nehru, Le Corbusier a fait de Chandigarh une cité de progrès. Cependant, les besoins se prêtaient mal à la mise en œuvre des principes que Le Corbusier voulait voir appliquer à l'urbanisme des grandes villes modernes. Attaché à une densité élevée des parties centrales, l'architecte s'est trouvé en charge d'une ville peu dense. Avec ses grands axes routiers conçus pour une circulation automobile importante, alors que la bicyclette reste le mode de transport le plus utilisé, la ville, administrative, dépourvue d'activités économiques, peut paraître démesurée. Ci-dessus, le projet de monument de la Main ouverte qui ne sera élevé qu'en 1986, à la veille du centenaire de l'architecte.

Le Corbusier
Les "Taureaux"

Ozon, Ubu et Taureaux

L'intense activité architecturale de Le Corbusier ne ralentit pas le développement de son œuvre plastique. Les différentes formes d'expression restent d'ailleurs étroitement complémentaires. «C'est dans la pratique des arts plastiques – phénomène de "création pure" – que j'ai trouvé la sève intellectuelle de mon urbanisme et de mon architecture.» Depuis les années 1930, Le Corbusier entend œuvrer pour une «synthèse des arts». En 1949, il est le premier vice-président de l'Association pour la synthèse des arts plastiques, présidée par Henri Matisse, dont le second vice-président est André Bloc, créateur de la revue *L'Architecture d'aujourd'hui*, et Picasso l'un des membres. Il dresse en plusieurs circonstances le projet d'un Pavillon pour la synthèse des arts qui n'aboutira pas mais dont sera issue la Maison de l'Homme réalisée à Zurich sur ses plans, après sa mort, grâce à Heidi Weber.

Tout jeune, Charles-Edouard Jeanneret avait voulu devenir peintre. Le Corbusier souffrira

Dans les années 1950, Le Corbusier entame une série d'œuvres aux couleurs intenses, aux formes tourmentées sinon brutales, aux sources d'inspiration multiples et mêlées. La démarche créatrice est plus complexe; dans *Le Poème de l'angle droit*, Le Corbusier en confie l'une des clefs : «Les éléments d'une vision se rassemblent. La clef est une souche de bois mort et un galet ramassés tous les deux dans un chemin creux des Pyrénées. Des bœufs de labour passaient tout le jour devant ma fenêtre. A force d'être dessiné et redessiné le bœuf, de galet et de racine, devint taureau.» Le Corbusier en a réalisé des versions sur plaques d'acier émaillé, (ci-dessous).

toujours de voir que sa peinture n'est pas appréciée à l'égal de son architecture. Pourtant, plusieurs expositions importantes lui seront consacrées, aux

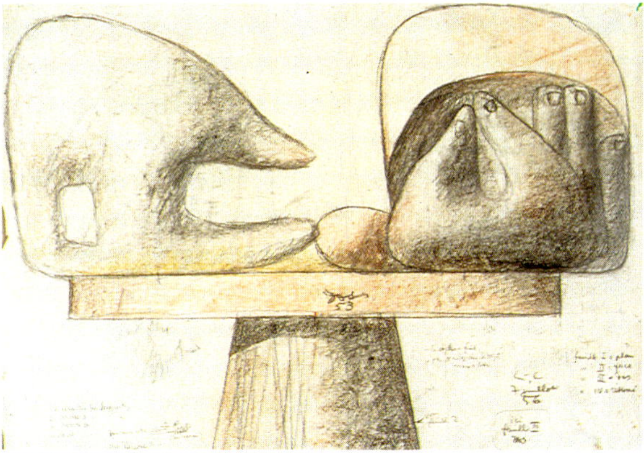

Etats-Unis par l'Institut of Contemporary Art de Boston en 1948, au Musée national d'art moderne de Paris et à la galerie Denise René en 1953, à la Kunsthalle de Berne en 1954.

Après la période puriste et celle des objets à réaction poétique, Le Corbusier entame à partir de 1940 une recherche picturale plus élaborée. La série des *Ozon* et des *Ubu*, puis celle des *Taureaux*, expriment des formes complexes. La couleur devient plus dense, sinon violente. Les plans se recoupent et se superposent. Les objets et les corps se déforment.

Singulière rencontre que celle de Le Corbusier et de Savina (ci-dessous). En 1936, l'architecte dessine pour l'ébéniste breton, croisé chez un ami, quelques croquis de meubles qui amènent Savina à sortir de la tradition bretonne. Après la guerre, Savina adresse à Le Corbusier des petites sculptures d'après des dessins de l'architecte, débuts d'une longue collaboration.

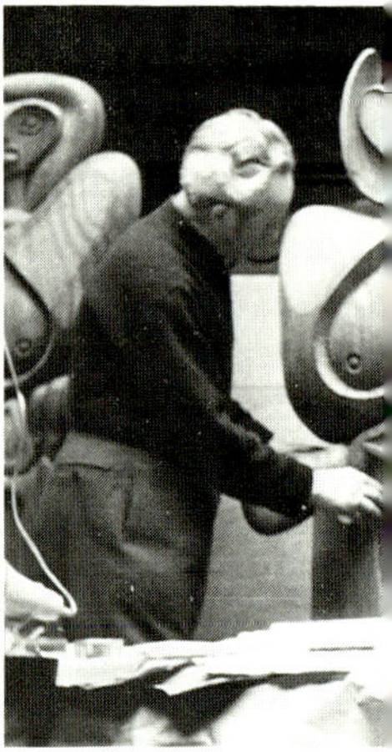

Le Corbusier réalise, en 1956 et 1957, une série de dessins colorés, puis un tableau, représentant le visage et le buste d'une femme dont les mains sont posées en premier plan. Il en tire plusieurs sculptures : *Les Mains* (à gauche) et une suite de femmes (à droite, l'une d'elles).

Le rêve et l'imagination transforment la réalité. L'influence surréaliste transparaît. Tableaux et dessins, souvent, préparent la sculpture.

Sculptures acoustiques

Le Corbusier avait établi en 1938 un projet de monument à la mémoire de Paul Vaillant-Couturier, député communiste, rédacteur en chef de *L'Humanité* de 1929 à 1937, qui devait être édifié à Villejuif, près de Paris, mais qui n'avait pas été exécuté. Depuis lors, il ne s'était plus intéressé activement à la sculpture. Or, en 1946, un ébéniste-sculpteur breton, Joseph Savina, qu'il connaissait depuis une

dizaine d'années, envoie à Le Corbusier une petite sculpture réalisée à partir d'un dessin de l'architecte. Le Corbusier va se piquer aussitôt du plus vif intérêt pour ce travail et une collaboration de près de vingt ans s'établira entre les deux hommes. Curieuse rencontre : Le Corbusier dessine et explique, le plus souvent par écrit, entre deux voyages, et Savina s'efforce de traduire, d'interpréter. Quarante-quatre sculptures naîtront de cette collaboration, dans des bois divers, cosignées Le Corbusier-

Savina, généralement de petites dimensions, à l'exception du *Totem* de 1950 et de la *Femme* de 1953. Certaines sont laissées dans leur bois naturel, plusieurs font l'objet d'une polychromie exécutée par Le Corbusier. Pour celui-ci, la sculpture constituera un mode d'expression essentiel. Le jeu des surfaces, des volumes, des pleins et des vides représente à ses yeux un ensemble de forces, de tensions tout comme un bâtiment ou un ensemble de bâtiments «rayonne» dans l'espace environnant. Il parle de «sculptures acoustiques», qui émettent et qui écoutent. Libéré des contraintes qui pèsent sur l'acte d'architecture – terrain, programme, client, financement –, il trouve dans la sculpture une nouvelle manière de pénétrer et de modeler l'espace.

Le «mural-nomad»

Le Corbusier avait créé une première tapisserie en 1936 à la demande de Marie Cuttoli, mécène de cette forme d'art. Il ne reprendra son œuvre tissé qu'en 1948, avec une trentaine de cartons dont vingt-huit ont été exécutés, certaines de dimensions considérables pour le Parlement et le palais de Justice de Chandigarh et pour le rideau de scène d'un théâtre de Tokyo. L'élément déterminant de l'œuvre tissé a résidé dans sa rencontre avec Pierre Baudouin, professeur à l'Ecole nationale d'art d'Aubusson, peintre lui-même, qui lui apportera sa connaissance des techniques de la tapisserie, pour l'aider à passer d'une maquette réduite au carton, et du carton à l'œuvre tissée par les lissiers. Le Corbusier a rapidement éprouvé la tapisserie comme le mode d'expression puissant et spécifique qui répond à son sens de l'espace construit et de la surface murale. Il l'appelle «mural-nomad» car elle est un mur de laine qui peut se décrocher et se rouler pour s'accrocher ailleurs, au gré des déménagements de celui qui la possède. Il y trouve une densité de matière qui répond à sa sensibilité. A Chandigarh, il fera exécuter pour le seul palais de Justice huit tapisseries de 64 mètres carrés chacune, et une autre de 144 mètres carrés, qu'il opposera au brutalisme du béton et qui amélioreront l'acoustique des salles d'audience.

Le Modulor

Tout jeune encore, Charles-Edouard Jeanneret a cherché à percer le mystère de l'équilibre des formes, de l'harmonie des espaces et des volumes. Très vite, il s'est intéressé aux tracés régulateurs pour comprendre la composition des édifices anciens et pour ordonner les façades de ses villas puristes. En 1943, il va pousser plus loin ses recherches. Il entreprend l'élaboration d'une grille de mesures harmoniques afin d'établir une série de grandeurs articulées les unes aux autres par la «proportion dorée» ou «nombre d'or». Cependant, Le Corbusier, toujours soucieux d'inscrire son œuvre dans la société des hommes, ne construit pas une grille de manière

Le Corbusier trouve dans la tapisserie une forme d'expression d'ordre architectural qui, au-delà du décor, peut se déplacer au gré des changements de logis. Il aborde tous les thèmes qui lui sont chers : la femme, les mains, les cordages. Les couleurs sont intenses, le rouge domine, comme dans *Femme sur fond rouge* (1965, ci-dessous). A gauche, la grande sculpture *Totem* (1950).

abstraite, sur une base purement mathématique, à la manière dont Fibonacci avait conçu au XIIIe siècle la suite de nombres harmoniques qui porte son nom. Il reprend les principes sur lesquels avait déjà travaillé Matila Ghyka vers 1930 et définit sa grille par rapport aux dimensions essentielles des parties du corps humain. «Sa valeur est en ceci : le corps humain choisi comme support admissible des nombres... Voilà la proportion ! La proportion qui met de l'ordre dans nos rapports avec l'alentour.»

Le Corbusier baptise ce système «Modulor» au cours d'une conférence en 1947. Il publiera en 1950 l'ouvrage qui expose sa recherche, sa méthode et les résultats : *Le Modulor. Essai sur une mesure harmonique à l'échelle humaine applicable universellement à l'architecture et à la mécanique*. En 1955, un second ouvrage, *Modulor 2*, présentera un bilan du procédé.

La figure de l'homme debout sur laquelle la grille a été construite deviendra universellement célèbre. Après la mise au point du système, Le Corbusier réglera les mesures de tous les éléments constitutifs de ses projets sur la base du Modulor. La «grandeur conforme» de l'Unité d'habitation de Marseille découle de ce principe de proportions.

Modulor : Le Corbusier a créé deux séries de nombres harmoniques, l'une en relation avec la hauteur de l'homme debout, d'abord fixée à 1,75 m, puis à 1,829 m, l'autre avec la hauteur de l'homme au bras levé. Plusieurs mesures sont issues des positions courantes de l'homme : debout, accoudé, assis.

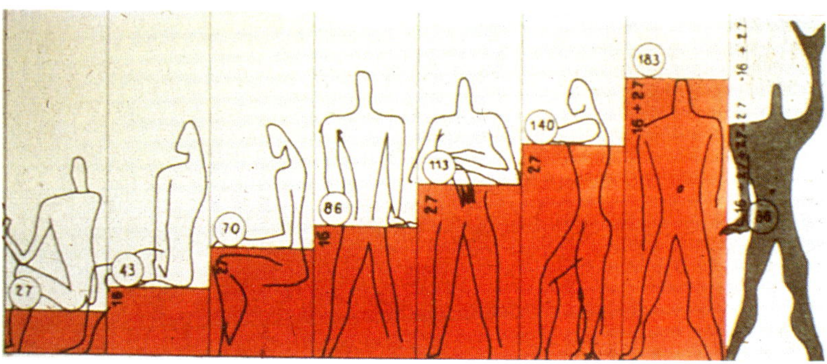

Malgré toutes les sollicitations d'étudiants, tel Roger Aujame venu en vain avec quelques camarades lui demander d'ouvrir un atelier à l'Ecole des beaux-arts, Le Corbusier n'a jamais voulu enseigner. L'autodidacte qui avait su organiser sa propre quête de savoir éprouve une profonde défiance pour toute école, pour toute transmission d'un savoir immuable et qui ne serait pas ancré sur le réel. Mais il a le goût du débat d'idées et celui d'exposer et de convaincre. Tout au long de sa vie, il donne des conférences, parfois lors de véritables tournées organisées à cet effet, comme celle de 1928 en Amérique du Sud (ci-contre). S'il frappe les esprits et les sensibilités, il semble que ce ne soit pas du fait d'une éloquence exceptionnelle, mais par la netteté du propos, la force des idées, la provocation des images. Son talent en matière de communication contribue à élargir son audience; il élabore sa technique propre de conférencier, dessinant, en noir et en couleur, tout en parlant, sur de grandes feuilles de papier qu'il accroche derrière lui, côte à côte, au fur et à mesure de son propos.

La Charte d'Athènes

Sur la carte d'identité que lui délivre la préfecture de police, à Paris, après sa naturalisation, Charles-Edouard Jeanneret «dit Le Corbusier», fait indiquer comme profession «homme de lettres». Veut-il feindre de dissimuler l'architecte? Exprime-t-il l'une de ses aspirations profondes ? Le fait est qu'il écrira une quarantaine d'ouvrages et un nombre important de textes divers, préfaces et articles.

La plupart des livres de Le Corbusier constituent des manifestes ou visent à la présentation de ses études ou de ses projets. En 1943, il publie *Entretien avec les étudiants d'architecture*, en 1945 *Les Trois*

Etablissements humains, en 1946 *Manière de penser l'urbanisme*, en 1954 *Une petite maison*.

Dans *La Charte d'Athènes*, éditée en 1943, Le Corbusier reprend les conclusions du IVᵉ Congrès international d'architecture moderne de 1933. Les principes qu'il propose n'étaient guère admis lorsque l'ouvrage paraît. Ils ont depuis, pour nombre d'entre eux, acquis valeur d'évidence, quand bien même ils sont souvent bafoués dans la réalité urbaine.

Publié en 1955, *Le Poème de l'angle droit* est composé de 19 lithographies et d'un texte lithographié, reprenant des thèmes récurrents : forces cosmiques, course du soleil, l'homme et la femme, Yvonne, la création. L'une des planches présente avec une intelligence aiguë et une qualité plastique rare un exposé lumineux sur les «5 points» : pilotis, toit-terrasse, plan libre, façade libre, seule manque la fenêtre en longueur. L'oiseau a chaussé les grosses lunettes de l'architecte : Corbeau, Corbu !

«Poésie sur Alger» et «Le Poème de l'angle droit»

Le Corbusier a le goût de convaincre, par la clarté du propos, par la vigueur de la métaphore, par la juxtaposition de l'image et du verbe. Après les deux manifestes majeurs qu'ont été *Vers une architecture* et *L'Art décoratif d'aujourd'hui*, de petits ouvrages comme *Entretien avec les étudiants d'architecture* ou *Une petite maison* expriment bien cette faculté de communication. Sa sensibilité, sa liberté d'écriture, son sens de la métaphore le conduisent tout naturellement à l'expression poétique. *Poésie sur*

Alger l'annonce dès le titre. Alors qu'il s'agit d'un exposé des difficultés du développement urbain d'Alger et d'un plaidoyer pour les études qu'il a développées à travers sept plans successivement rejetés, Le Corbusier exprime dans une écriture vibrante son émotion devant cette ville «où la mer, la chaîne d'Atlas et les monts de Kabylie déploient leurs fastes bleus».

Le Poème de l'angle droit, qu'il publie en 1955 annonce aussi clairement la forme poétique. Le dessin et le texte dialoguent, violents ou exaltés, lyriques ou tendres. Le Corbusier, alors âgé de soixante-huit ans, ne renonce pas aux combats qu'il n'a cessé de mener : «Partir aller rentrer partir encore et se battre lutter toujours soldat.» Le vieux lutteur pourtant semble soudain douter : «Alors ne serons-nous pas demeurés assis à côté de nos vies ?»

Echecs et amertumes, de l'O.N.U. à l'UNESCO, d'Alger à Saint-Dié

S'il a beaucoup construit, Le Corbusier a aussi connu de nombreux échecs. Pour trois des plus grands projets, destinés à des organisations internationales – le palais de la Société des Nations en 1927, le siège des Nations unies à New York en 1947 et le palais de l'Unesco à Paris en 1951 –, ses études seront écartées, transformées ou ignorées. A l'exception des quartiers Frugès à Pessac et du plan de Chandigarh, aucun de ses plans d'urbanisme ne sera pris en considération. De ces revers, Le Corbusier sortira souvent meurtri et amer mais il n'en perdra jamais pour autant l'opiniâtreté avec laquelle il a mené toute son œuvre.

Etrange ouvrage que *Poésie sur Alger*. En 50 pages, Le Corbusier parvient à célébrer la splendeur de la ville et de son site, à résumer treize années de réflexion sur l'urbanisme et à clamer son amertume devant l'impuissance des autorités publiques pour maîtriser le devenir de la cité. Toute une part du caractère de l'architecte est au cœur de ces pages : fortes, vibrantes, naïves ou amères.

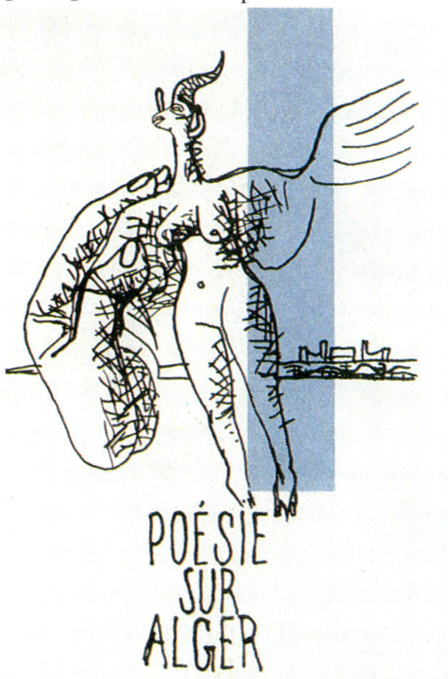

Le Corbusier, durant les dix dernières années de sa vie, écrit moins et ne peint plus autant. Il produit une grande part de son œuvre tissé et sculpté, mais il réserve l'essentiel de son temps et de son énergie à l'architecture. Il réalise alors, avec les grands bâtiments de Chandigarh et le couvent de la Tourette, le couronnement de son œuvre. Le gouvernement français s'est enfin résolu à le charger d'un grand projet de bâtiments publics. Mais il ne l'a qu'à peine esquissé lorsqu'il meurt en 1965.

CHAPITRE V
LA PLÉNITUDE

L'engagement personnel de Nehru, la dimension des édifices et leurs fonctions politiques, judiciaires et administratives éminentes confèrent au projet de Chandigarh une importance internationale exceptionnelle.

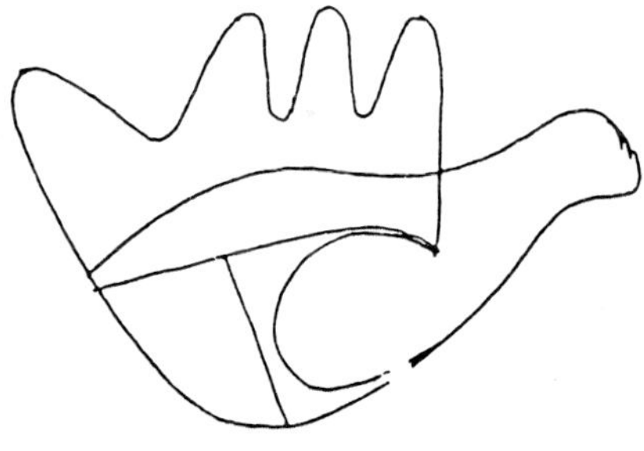

Cette période sera marquée par le décès, en 1957, d'Yvonne, l'épouse de Le Corbusier, «femme haute de cœur et de volonté, d'intégrité et de propreté. Ange gardien du foyer, de mon foyer pendant 36 années». Il lui était très attaché. Elle l'a sans doute, par son caractère enjoué, longtemps aidé à supporter difficultés et revers. Dans *Le Poème de l'angle droit*, c'est à sa femme Yvonne qu'il pense, sans la nommer, lorsqu'il écrit : «Je me suis miré dans ce caractère et m'y suis trouvé... Elle détient la hauteur ne le sait pas. Qui l'a faite ainsi d'où vient-elle? Elle est la droiture enfant au cœur limpide présente sur terre près de moi. Actes humbles et quotidiens sont garants de sa grandeur.»

En 1959, Le Corbusier perd sa mère, âgée de plus de cent ans, pour laquelle il éprouvait une sorte de vénération, écrivant, alors qu'elle avait quatre-vingt-onze ans, qu'elle régnait encore, dans «la Petite Maison», «sur le soleil, la lune, les monts, le lac et le foyer, entourée de l'admiration affectueuse de ses enfants».

Dans la villa Shodhan (1952-1954), à Ahmedabad, tout en s'inspirant de formes de l'architecture indienne traditionnelle, Le Corbusier adapte des éléments du vocabulaire qu'il a développé dès les années 1920 aux contraintes rigoureuses d'un climat chaud et humide. Une dalle-parasol recouvre toute la construction et des brise-soleil largement ouverts et profonds protègent du soleil et de la lumière, tout en favorisant la circulation de l'air frais. Un jeu de terrasses et de rampes se développe dans une architecture de béton brut qui s'oppose à la végétation tropicale.

Ahmedabad

Alors qu'il entame l'étude du plan d'urbanisme de la capitale du Pendjab, Le Corbusier s'est vu chargé de plusieurs projets à Ahmedabad, ville historique importante située à l'ouest de l'Inde. Il construit, en quelques années, les villas Shodhan et Sarabhaï, un musée et le siège de l'association des filateurs. L'architecte exprime dans ces projets une architecture brutaliste par l'affirmation des volumes et l'usage généralisé du béton apparent. Réalisées avant les grands bâtiments publics de Chandigarh, ces édifices constitueront pour lui un terrain expérimental intéressant quant aux méthodes de construction et quant aux contraintes climatiques.

Chandigarh : les grandes symphonies de béton brut

Dans le plan de Chandigarh, le Capitole rassemble, au nord de la ville, les grands bâtiments publics. Sur cinq édifices majeurs étudiés, trois ont été réalisés : le Parlement, le palais de Justice et le Secrétariat. Deux autres, le palais du Gouverneur et le musée de la Connaissance sont restés à l'état de projet, et le caractère inachevé de la composition en compromet l'équilibre.

Le Capitole s'organise autour d'un grand axe auquel s'articulent le Parlement et le Secrétariat à l'ouest, et le palais de Justice à l'est. Le Secrétariat abrite les ministères. Un jeu de brise-soleil rythme fortement la façade. Sur le toit-terrasse du Parlement, un volume hyperbole coiffe la Chambre haute et une pyramide coiffe la Chambre basse dispensant la lumière dans les deux salles. La diversité des formes, l'équilibre des masses, le jeu des pilotis, des terrasses, des rampes et des brise-soleil, le reflet des façades dans des plans d'eau, la polychromie confèrent à l'ensemble une monumentalité et une dynamique rarement réunies avec une telle intensité.

Après l'échec des grands projets publics du palais de la Société des Nations de Genève ou du palais des Soviets de Moscou, Le Corbusier trouve enfin ici l'occasion de brosser une large composition monumentale. Mais s'il organise son plan autour d'un grand axe, l'architecte, parvenu à une complète maîtrise de son art, joue de ruptures, de décalages et de dissymétries. Les bâtiments, qui ne sont jamais alignés, offrent des dimensions et des expressions très différentes. L'ensemble est sans doute inspiré des grandes compositions urbaines classiques mais le rejet de toute symétrie lui confère une dynamique inconnue de ces compositions.

Le Corbusier, en outre, a modelé les espaces libres non seulement en les réglant sur la base du Modulor, mais en y créant des fossés, des buttes, des monticules, des plans d'eau

Le plan de Chandigarh est organisé en secteurs : la zone d'affaires au centre, les activités industrielles près de la gare, le Capitole au nord. Les voies de circulation – les «7 V» – sont hiérarchisées, du niveau 1 pour les axes routiers majeurs au niveau 7 des voies pédestres. Les enfants n'ont à franchir aucune rue entre leur habitation et l'école.

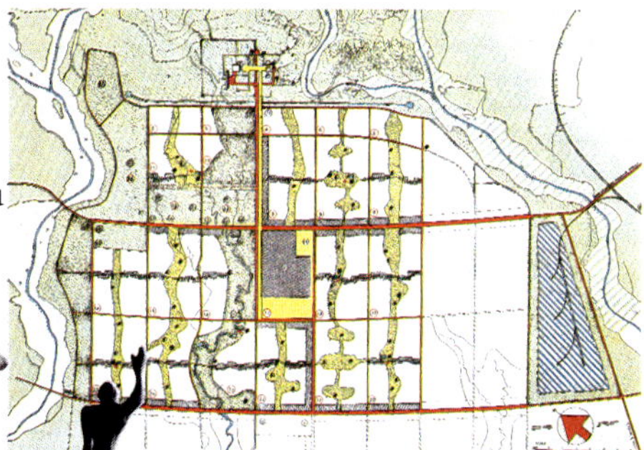

Le palais de Justice est structuré sur des piliers monumentaux et des arcs qui supportent une dalle-parasol. La façade ouest, couverte de part et d'autre de l'accès majeur, de brise-soleil, se reflète dans un plan d'eau où son image, ainsi doublée, transforme le rectangle réglé au Modulor dans lequel elle s'inscrit, en un carré. Une longue rampe permet, en plusieurs volées, d'accéder aux étages supérieurs. Des couloirs ouverts favorisent la circulation de l'air frais. Une polychromie ajoute à la tension des piliers monumentaux et à l'animation des brise-soleil.

et certains éléments sculptés. Le «jeu» ainsi organisé structure l'espace et relie les édifices eux-mêmes par un réseau de tensions et de forces. Une fois encore, Le Corbusier manifeste dans le traitement des espaces non construits que «le dehors est toujours un dedans», c'est-à-dire que l'espace libre entre les architectures bâties est aussi architecture et doit être non pas décoré de quelques accidents, mais organisé avec les constructions qui le ponctuent ou qui l'entourent, dans un ensemble cohérent et structuré. La relation est évidente avec les «sculptures acoustiques», où il organise les volumes et le jeu des pleins et des vides afin qu'ils «émettent» entre eux et se répondent.

Fortement apparentés dans leur expression de béton brut, le Parlement, le palais de Justice et le Secrétariat diffèrent profondément dans leurs formes. Les bâtiments comportent un certain nombre d'éléments qui constituent autant de sculptures de béton : galbe des auvents, percements de certains voiles de béton, loggias, gargouilles, rampes, superstructures sur les terrasses. A l'intérieur de chaque édifice, Le Corbusier, avec l'ensoleillement de l'Inde et l'éclat de l'Himalaya au fond de la plaine, a joué plus que jamais de la lumière qu'il dirige et contrôle. L'architecte, obsédé par l'image de la main de l'homme, l'a souvent représentée dans ses dessins, ses tableaux, ses tapisseries ou ses sculptures. A Chandigarh, il voulait caler l'ensemble du Capitole par le monument de la Main ouverte tournant sous les vents dominants, au-dessus d'un amphithéâtre en plein air, la fosse de la Considération, devant l'Himalaya. Son projet ne pourra se réaliser qu'après sa mort. Le Corbusier a construit par ailleurs dans la capitale du Pendjab plusieurs édifices de moindre importance : un musée, un yacht-club et une école d'art et d'architecture.

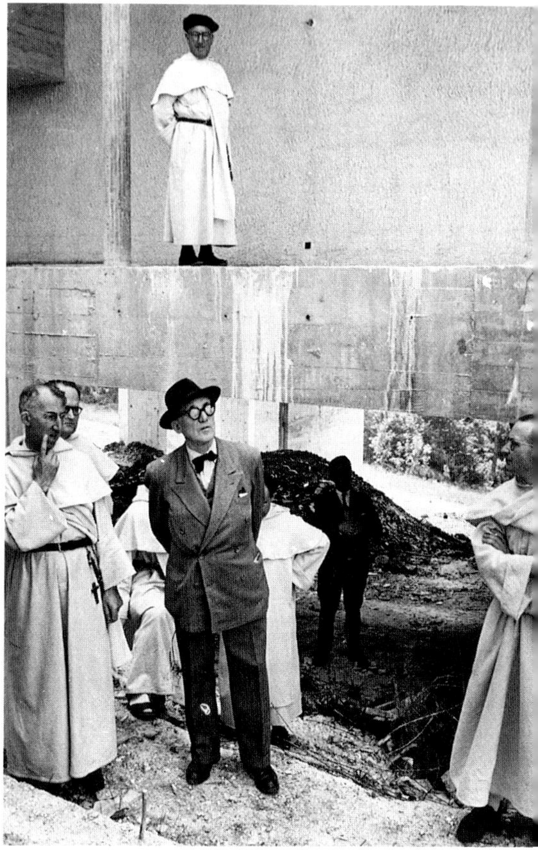

Le monastère de la Tourette : brutalisme et virtuosité

Sur la suggestion du R. P. Couturier, qui avait déjà contribué au choix de l'architecte pour la chapelle de Ronchamp, le chapitre provincial des dominicains de Lyon a proposé à Le Corbusier, en 1952, de construire un monastère, à Eveux-sur-l'Arbresle, à une trentaine de kilomètres de Lyon. Les études, entreprises en 1953, permettront d'achever en 1959 le chantier ouvert en 1956. Le parti général confère à la construction la rigueur d'un édifice médiéval.

A la simplicité des formes et à l'extrême brutalisme du béton, s'opposent la subtilité des espaces, la diversité des percements et la qualité des lumières directes ou réfléchies. Dans le site dépouillé

Inspiré par les couvents cisterciens, organisé sur un plan carré, le monastère de la Tourette est plaqué sur le flanc d'une colline et fondé grâce à des pilotis. La chapelle, qui s'étage sur une succession de gradins, reçoit l'éclairage naturel par trois «canons» disposés dans le plafond, surmontés de cônes tronqués.

où il s'inscrit, le bâtiment atteint un haut niveau de spiritualité. A Ronchamp, Le Corbusier, agnostique d'éducation protestante, avait donné à l'Eglise catholique une chapelle éclatante de blancheur, accueillante à la prière, tout enveloppée de ses courbes. A la Tourette, il laisse à la communauté des frères dominicains un lieu d'austérité propre à l'étude, à la méditation et à l'élévation de pensée.

Derniers projets, dernières œuvres

Pendant qu'il construit Chandigarh et qu'il achève le monastère de la Tourette, Le Corbusier mène à leur

Autour d'une cour, le couvent proprement dit ferme trois côtés et l'église, le quatrième. Deux étages sont réservés aux cellules : un à l'accueil, à l'étude et aux rencontres, un à la vie collective – réfectoire et chapitre. Les cellules, comme à Ema, s'ouvrent sur l'extérieur par des loggias en porte à faux.

Seul édifice construit aux Etats-Unis, le Carpenter Center for Visual Arts (ci-contre) est constitué par un volume cubique central servant de point d'appui à deux grandes salles courbes. Une rampe en S traverse le bâtiment de part en part, comme une invite faite aux étudiants pour la «promenade architecturale».

Le Corbusier a étudié plusieurs projets de pavillons pour une synthèse des arts. La Maison de l'Homme (1964) est construite sur une structure métallique recouverte par une conque monumentale d'acier. Elle a été édifiée à Zurich en 1967, grâce au dynamisme de Heidi Weber (ci-dessous).

terme plusieurs projets en Europe, en Amérique et en Asie. Pour l'Exposition universelle de Bruxelles en 1958, il étudie, avec le concours de Yannis Xenakis, le pavillon Philips. Avec deux architectes japonais qui avaient travaillé à l'agence de la rue de Sèvres avant de s'établir au Japon, Maekawa et Sakakura, il construit en 1959 le musée de l'Art occidental de Tokyo. La même année, avec Lucio Costa, il réalise le pavillon du Brésil de la Cité universitaire de Paris.

En 1962, Jose Luis Sert, qui a lui aussi travaillé aux côtés de Le Corbusier, l'invite, au nom de la Graduate School of Design de Harvard dont il est le doyen, à construire à Cambridge le Carpenter Center, centre pour les arts visuels. Le programme de l'opération est extrêmement vague, peut-être en raison de l'originalité de l'institution, peut-être aussi en raison de la confiance que Jose Luis Sert témoigne à Le Corbusier. En fait, il s'agit plus ou moins d'imaginer dans le même temps les fonctions et les espaces qui les abriteront. Si la formule célèbre de l'architecte américain Sullivan «form follows function» – la forme suit la fonction – a réellement la signification qui lui est généralement donnée, selon laquelle la forme «découle» de la fonction, l'architecture étant plus ou moins engendrée par le programme, l'exemple du Carpenter Center mériterait réflexion à ce titre. En fait, l'absence de programme paraît avoir privé l'architecte d'un élément essentiel à la dynamique de la création architecturale. Le Corbusier a repris dans ce projet un certain nombre d'éléments de son vocabulaire – pilotis, rampes, brise-soleil. Le béton a été laissé apparent mais traité exceptionnellement à la demande pressante de l'architecte de manière très lisse et «adoucie».

A une dizaine de kilomètres de Saint-Etienne, à Firminy, petite ville industrielle dont il est le député

Le Corbusier a, dès 1939, poursuivi l'idée d'un musée à croissance illimitée constitué d'une suite de galeries portées sur pilotis, enroulées en spirale autour d'un espace central, développées, tel un mollusque dans sa coquille, au fur et à mesure de l'enrichissement des collections. Il aurait offert un cheminement continu, l'éclairage étant diffusé par le haut. Dans le musée de l'Art occidental de Tokyo (ci-dessus), Le Corbusier développe des galeries enroulées autour d'une cour centrale. Mais au lieu d'assurer l'accès par le centre du bâtiment, conformément à son schéma de principe, il l'organise dans un petit bâtiment accolé à la partie extérieure des galeries, bloquant ainsi une extension possible.

maire, Eugène Claudius Petit, indéfectible ami et soutien de Le Corbusier, lui a demandé, en 1955, de réaliser ce qui pourrait constituer l'ensemble le plus important qu'il aurait construit en France : un stade, une maison de la culture, une église et une unité d'habitation. Seule la maison de la culture sera achevée du vivant de l'architecte. Le stade et l'unité d'habitation dont il a étudié les projets ne seront menés à bonne fin qu'après sa mort, par André Wogenscky et Fernand Gardien. Le Corbusier entreprend le projet d'église à partir de 1960, avec la collaboration de José Oubrerie. Après les études sans suite de l'église du Tremblay (1929) et de la basilique souterraine de la Sainte-Baume (1945-1951), après la construction de la chapelle de Ronchamp et du monastère de la Tourette, Le Corbusier aborde là un nouveau programme d'édifice religieux. Le projet qu'il dresse est d'une inspiration entièrement renouvelée. Entreprise en 1970, cinq ans après la mort de l'architecte, la réalisation a été stoppée à la suite de difficultés financières. Eugène Claudius Petit se battra avec acharnement, jusqu'à son dernier souffle en 1989, pour l'achèvement de l'église. Malgré

Eugène Claudius Petit, maire de Firminy de 1957 à 1971, confie à Le Corbusier en 1955 le soin de reprendre le plan d'extension de «Firminy vert» et d'y réaliser plusieurs édifices publics. Situé sur une partie haute du terrain, la maison de la culture (ci-dessus et à droite) développe une façade inclinée, en porte à faux au-dessus du terrain de sports.

ses démarches multiples et ses interventions réitérées auprès des plus hautes autorités publiques, il n'a pas réussi à réunir les moyens qui auraient permis de terminer l'ouvrage.

Du cabanon du cap Martin à la cour Carrée du Louvre

En 1962, alors qu'il a plus de soixante-quinze ans, et qu'il poursuit, avec Jullian de la Fuente, l'étude d'un projet d'hôpital pour Venise, Le Corbusier se voit confier par André Malraux, ministre des Affaires culturelles, le projet d'un vaste complexe dans le secteur de La Défense, au flanc ouest de Paris. Il s'agit de construire le musée d'Art du XXe siècle, et quatre établissements d'enseignement consacrés aux arts plastiques, à l'architecture, à la musique et à la danse, au cinéma et à la télévision. L'Etat français, enfin, reconnaît le génie créateur de Le Corbusier en lui confiant un grand projet public d'importance nationale. Dans un premier temps, Le Corbusier hésite sur le site, s'efforce de convaincre André

Si elle avait été achevée, l'église de Firminy aurait été le troisième édifice religieux réalisé par Le Corbusier, après Ronchamp et la Tourette. A Firminy, les quatre niveaux d'un plan carré sont desservis par une rampe. L'église proprement dite est située sur les deux niveaux supérieurs, sous un cône tronqué. La richesse et la fluidité des espaces sont extrêmes. Sur les quatre côtés du volume inférieur, trois plots de béton, qui laissent autour de l'église une fente lumineuse, supportent le cône et lui donnent ainsi une impression de légèreté.

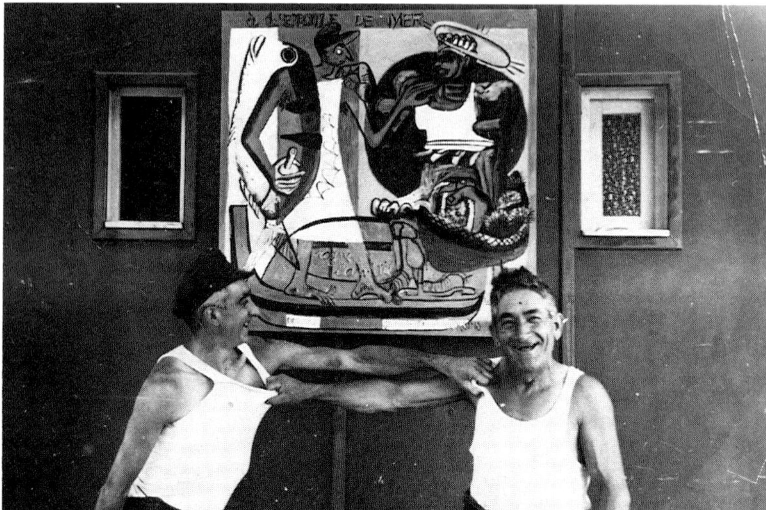

Lors d'un séjour dans la villa d'Eillen Grey et Jean Badovici, à cap Martin, Le Corbusier fait la connaissance des Rebutato. En 1951, il décide de construire, à proximité de leur restaurant, un cabanon de rondins de bois que Barbéris, son menuisier corse, réalise par éléments préfabriqués à Ajaccio et monte sur place. Le cabanon est une cellule, réglée au Modulor, de 3,66 m sur 3,66 m sous 2,26 m de hauteur. Modèle d'aménagement d'espace minimal, il s'inscrit dans les recherches de l'architecte sur les habitats de vacances.

Malraux d'implanter le projet à la place du Grand Palais, dont il souhaite la démolition. Il n'a que le temps de jeter quelques esquisses sur le papier, le destin de l'architecte va rattraper le projet.

Le Corbusier avait fait construire en 1951 un petit cabanon au cap Martin, face à la mer et à Monaco. Le restaurant *L'Etoile de mer*, tenu par la famille Rebutato, où il venait prendre pension, était tout à côté, et la villa édifiée en 1929 par Eillen Grey et Jean Badovici, qu'il allait orner de fresques murales, n'était pas loin. L'architecte vient chaque été dans son cabanon pour méditer, dessiner et écrire, loin de l'agitation et de la pression de l'agence. La mer est là tout près et il s'y baigne longuement.

En juillet 1965, Le Corbusier est donc parti se reposer au cap Martin. Alors que ses proches s'inquiètent de son état de santé qui ne paraît pas excellent, il écrit le 24 août à son frère : «Cher vieux z'Albert... jamais je n'ai été si bien portant.» Le 27 août 1965 pourtant, au cours de sa baignade dans cette Méditerranée qu'il a tant aimée, il meurt soudainement. Le 1er septembre, après une nuit passée devant l'autel de l'église du monastère de la Tourette, son corps est ramené à Paris. Une dernière

fois, Le Corbusier entre dans son agence, au 35 de la rue de Sèvres. Les autorités françaises ont décidé de lui consacrer un hommage solennel. La nuit venue, dans la cour Carrée du Louvre illuminée, devant plusieurs milliers de personnes, André Malraux prononce de sa voix sourde un discours vibrant. Le Corbusier savait de longue date, comme il l'avait écrit peu de temps auparavant, qu'«il faut au moins vingt années pour qu'une idée soit connue, trente pour qu'elle soit appliquée lorsqu'elle devrait alors évoluer» et que «c'est à ce moment là que pleuvent les discours sur les tombes et les plaques commémoratives. Il est trop tard».

Le petit village de Roquebrune-Cap-Martin offre un de ces «cimetières marins» d'où le regard peut se perdre à la limite indistincte du ciel et de la Méditerranée. Le Corbusier a dessiné la tombe destinée à recevoir ses cendres et celles de son épouse Yvonne, décédée en 1957. Un socle bas, un volume cubique, un cylindre : espace, rigueur, géométrie.

TÉMOIGNAGES ET DOCUMENTS

Tout est question de persévérance,
de travail, de courage.
Il n'y a pas de signes glorieux dans le ciel.
Mais le courage est une force intérieure,
qui seule peut ou non qualifier l'existence.
Le Corbusier (1965)

La formation et la révolte. Le rejet de l'école

En 1908, le jeune Charles-Edouard Jeanneret découvre dans l'agence des frères Perret, à Paris, une nouvelle conception de l'architecture et du rôle de l'architecte. Elle est fort éloignée des enseignements de son maître de La Chaux-de-Fonds, Charles L'Eplattenier, pour lequel il n'a cessé d'éprouver une profonde affection.

L'atelier de Charles-Edouard Jeanneret à Paris, rue Jacob.

Dans une longue lettre, datée du dimanche 22 novembre 1908, l'élève expose ses idées et confie à son maître ses déchirements.

Mon bien cher Monsieur,
[…] Peut-être n'aurez-vous pas eu tort de faire de moi autre chose qu'un graveur, car *je me sens* de la force.

Vous dire que ma vie n'est point de rigolade mais de travail intense, nécessaire, est inutile, car, de graveur que j'étais, pour devenir un architecte de la conception que je me suis faite de cette vocation, il faut faire un pas, immense. […]

J'ai devant moi 40 ans pour atteindre ce que j'estompe de grand sur mon horizon encore lisse. […]

Mon concept de l'art de bâtir est ébauché dans ses grandes lignes que seules jusqu'ici mes faibles ressources – ou incomplètes ressources – m'ont permis d'atteindre.

Vienne ayant porté le coup de mort à ma conception purement plastique (faite de la recherche *seule* des formes)

de l'architecture – arrivé à Paris je sentis en moi un vide immense et je me dis : «Pauvre! tu ne sais encore rien, et, hélas, tu ne sais pas *ce que* tu ne sais pas.»
Ce fut là mon immense angoisse.
A qui demander cela : à Chapallaz qui lui le sait encore moins et augmenta ma confusion. A Grasset alors, à F.Jourdain, à Sauvage, à Paquet – je vis Perret mais n'osai l'interroger à ce sujet. Et tous ces hommes me disent : «Vous en savez bien assez de l'architecture.» Mais mon esprit se révoltait et j'allai consulter les vieux. Je choisis les plus *enragés* lutteurs, ceux auxquels nous sommes, nous du XXe siècle, prêts à être semblables : les Romans. Et pendant 3 mois j'étudiai les Romans, le soir à la Bibliothèque. Et j'allais à Notre-Dame et je suivis la fin du cours gothique de Magne – aux Beaux-Arts… et je compris.

Les Perret furent ensuite pour moi les fouets. Ces hommes de force me châtièrent : ils me dirent – par leurs œuvres, et parfois, dans des discussions : «Vous ne savez rien.» Je soupçonnai, par l'étude du Roman, que l'architecture n'était pas une affaire d'eurythmie des formes, mais… autre chose… quoi? je ne le savais pas encore bien. Et j'étudiai la mécanique, puis la statique; oh ce que j'ai transpiré là-dessus pendant tout l'été. Combien de fois me suis-je trompé, et aujourd'hui, avec colère, je constate les creux dont est formée ma science d'architecte moderne. Avec rage et joie, parce que *je sais enfin* que là est le bon, j'étudie les forces de la matière. C'est ardu, mais c'est beau, ces mathématiques, si logiques, si parfaites!… […]

Sur le chantier des Perret, je vois ce qu'est le béton, les formes révolutionnaires qu'il *exige*. Ces 8 mois de Paris me crient : Logique, vérité, honnêteté, arrière le rêve vers les arts passés. Les yeux haut, en avant! Mot pour mot, de toute la valeur des mots, Paris me dit : «Brûle ce que tu as aimé, et adore ce que tu brûlais.» […]

L'architecte doit être un homme au cerveau logique; ennemi, parce que devant s'en méfier, de l'amour de l'effet plastique; homme de science et autant de cœur, artiste et savant. *Je le sais* – et personne de vous ne me l'a dit : les ancêtres savent parler à qui veut les consulter. […]

On parle d'un art de demain. Cet art *sera*. Parce que l'humanité a changé sa manière de vivre, sa façon de penser. Le programme est nouveau. Il est nouveau dans un cadre nouveau, on peut parler d'un art à venir, parce que ce cadre, c'est le fer, et que le fer est moyen nouveau. L'aurore de cet art devient éblouissante parce que du fer, matériau sujet à la destruction, a fait du béton armé, création inouïe dans ses résultats et qui, dans l'histoire des peuples par leurs monuments, marquera un jalon de hardiesse. […]

Je ne serai plus d'accord avec vous si des choses ne changent. Je ne pourrais pas être d'accord. Vous voulez, de jeunes hommes de 20 ans, faire des hommes épanouis, *actifs*, exécutants (qui exécutent et endossent vis-à-vis de leurs successeurs des *responsabilités*). Car *vous*, vous sentant dans la pleine force féconde, vous croyez la voir déjà acquise chez des jeunes gens. Cette force *y est*; mais à développer dans le sens où, inconsciemment – puisque aujourd'hui vous semblez renier votre vie de jeunesse – vous la développâtes à Paris et dans vos voyages, dans votre solitude des premières années de La Chaux-de-Fonds. […]

Et moi je dis : Tout ce petit succès est prématuré : la ruine est proche. On ne bâtit pas sur le sable. Le mouvement est parti trop tôt. Vos soldats sont des fantômes. Quand la lutte sera là, *vous resterez tout seul.* Car vos soldats sont des fantômes puisqu'ils ne savent pas qu'ils existent, – pourquoi ils existent, – comment ils existent. Vos soldats n'ont jamais pensé. L'art de demain sera un art de pensée.

Le concept Haut et en avant! [...]

Je signe :

Votre élève très affectionné.

Autodidacte, Le Corbusier, qui se remettait lui-même en cause pour chaque nouveau projet, est un adversaire résolu de toute école et de toute académie. Il s'en explique dans le livre qu'il écrit en 1937, en revenant des Etats-Unis : Quand les cathédrales étaient blanches.

L'Ecole des beaux-arts de Paris

Les *Ecoles* sont le produit des théories du dix-neuvième siècle. Elles ont fait accomplir des progrès gigantesques dans les domaines des sciences précises; elles ont faussé les activités faisant appel à l'imagination, car elles ont fixé les «canons», les règles «vraies», «justes», reconnues, estampillées, diplômées. Dans une époque de total bouleversement où rien d'aujourd'hui n'est semblable à hier, elles ont institué officiellement le frein, sous la forme du «diplôme»; ainsi sont-elles contre la vie; elles ont tué l'architecture, en opérant en vase clos, loin du poids des matériaux, des résistances de la matière, du titanesque progrès apporté par l'outillage. Elles ont vilipendé les métiers : la matière, le temps, le prix. L'architecture s'est évadée de la vie plutôt que d'en être l'expression même. La laideur affligeante du dix-neuvième et du vingtième siècles vient en ligne droite des écoles. Cette laideur n'est pas le fruit de mauvaises intentions, au contraire; elle naît de l'hétérogène, de l'incohérent, du décollement intervenu entre l'idée et sa matérialisation. Le dessin a tué l'architecture. C'est le dessin qu'on enseigne dans les écoles. A la tête de ces pratiques regrettables, règne dans l'équivoque même et parée d'une dignité qui n'est que l'usurpation de l'esprit créateur des périodes antérieures, l'Ecole des Beaux-Arts de Paris. Siège du paradoxe le plus déconcertant, puisque, sous la férule des méthodes les plus conservatrices, tout y est bonne volonté, travail acharné, foi.

J'admire dans l'enseignement de l'Ecole des Beaux-Arts l'éblouissante habileté manuelle acquise par les élèves... Je souhaiterais que la tête commandât la main. Je reconnais l'élégance éclairant les solutions du plan, de la façade, de la coupe. Mais je voudrais que l'intelligence dominât l'élégance et surtout qu'elle ne fût pas bafouée. Je regrette que les travaux de l'Ecole soient conçus hors des conditions de métier et qu'il ne soit fait appel aux techniciens modernes que pour accomplir des miracles de mauvais aloi : faire tenir des choses qui, sans elles, ne pourraient jamais être construites ou qui s'écrouleraient, si l'on employait les matériaux que le dessin montre. Les temps modernes sont abaissés ici, dans un gaspillage d'argent qui fait peur, à jouer le rôle d'étai d'une pensée privée d'os et de muscles, d'une pensée en baudruche. De là est née l'architecture de baudruche de l'Ecole des Beaux-Arts.

Je pense que cette sorte d'enseignement en forme somptuaire de couronnement suprême par un diplôme – organisé d'ailleurs à l'ombre même de l'Institut – est d'une prétention inadmissible au milieu de la grande mêlée des temps modernes. Pourquoi la *vanité* serait-elle l'apanage de l'architecte

Charles-Edouard Jeanneret, photographié chez lui, rue Jacob.

alors que l'architecture, jamais, ne doit être vaine, mais saine, juste et digne? D'ailleurs, l'architecture en ces temps nouveaux s'étend à la masse inouïe de la production contemporaine. Où est l'architecture? Dans tout! *L'abri* – logis et transport (route, fer, eau, air). *L'équipement :* la ville, la ferme, le village utile, le port et l'équipement encore du logis : l'outillage domestique. *La forme :* tout ce que nos mains touchent ou que nos yeux observent, de ce monde neuf de matière et d'organismes fonctionnels qui, si subitement en cent années, a entouré notre vie de faits plastiques bien vivants et palpitants sous la lumière.

Donnerons-nous, exigerons-nous des diplômes pour toutes ces activités qui ont le droit de se référer à l'architecture et qui représentent l'une des plus grandes parts de l'activité présente? Le monde en diplômes? Posée ainsi, la question montre la cocasserie du diplôme. Il ne faut plus de diplômes. Le monde est ouvert, non pas fermé.

La conquête studieuse, douloureuse (je le sais par tant de confidences de jeunes élèves), de ce diplôme exigé du père, ou de la famille (ils s'imaginent, les pauvres, qu'ainsi le petit, au sortir de l'école, bénéficiera de droits d'exception au partage de la vie), la conquête du diplôme en quatre ou six années absorbe ces moments de jeunesse précieux, de généreuse malléabilité, d'enthousiasme magnifique, d'*ouverture* en face de la vie multiple. Le diplôme ferme tout comme un bouchon. Il dit : «C'est fini, tu as cessé de souffrir et d'apprendre. Tu es libre désormais!» La notion d'*apprendre* est devenue synonyme de *souffrir*! On tue la jeunesse. Apprendre? Mais c'est la joie de chaque jour, le rayon de soleil de la vie. Je dis que si l'on développait au contraire, sans répit au cours de l'existence, la faculté généreuse d'apprendre, les hommes y trouveraient le bonheur même – le bonheur gratuit, illimité, sans échéance, le bonheur jusqu'au dernier jour. On ferait d'autres hommes : des hommes nouveaux. [...]

Je voudrais en toute humilité comprendre pourquoi le gouvernement français se croit autorisé à donner des diplômes. Je pensais qu'un gouvernement avait pour mission de gérer les temps présents et de conduire les peuples sur les chemins de la vie toujours changeante; et non pas de dresser des barrages.

Deux sources essentielles : le passé et la nature

Le Corbusier a trouvé dans l'étude des œuvres du passé et dans la contemplation de la nature deux sources essentielles de réflexion et d'inspiration. Mais il n'admire ni les objets anciens ni ceux du folklore en raison des temps écoulés. Il veut en comprendre la raison d'être, la logique, les voies de leur production. Dans la nature, il recherche l'image d'une création organique, les formes, les structures et les matières dont une part de son œuvre plastique s'inspirera.

Venise, aquarelle de Le Corbusier tirée d'un cahier ayant appartenu à Raoul La Roche.

Dans un Entretien avec les étudiants des écoles d'architecture*, Le Corbusier s'efforce de dégager une conception active des leçons du passé.*

Entraîné par la défense des droits à l'invention, je prenais à témoin le passé, ce passé qui fut mon seul maître, qui continue à être mon permanent admoniteur. Tout homme pondéré, lancé dans l'inconnu de l'invention architecturale, ne peut vraiment appuyer son élan que sur les leçons données par les siècles, les témoins que les temps ont respectés ont une valeur humaine permanente. On peut les appeler folklores, – notion par laquelle on veut exprimer la fleur de l'esprit créatif dans les traditions populaires, en étendant leur empire au-delà de la maison des hommes, jusqu'à celle des dieux. Fleur de l'esprit créatif, chaîne des traditions qui l'incarnent et dont chaque chaînon est, et n'est exclusivement qu'une œuvre qui fut, à son heure, novatrice, souvent révolutionnaire : un apport. L'histoire, qui s'appuie sur des jalons, n'a conservé que ces témoins loyaux; les imitations, les plagiats, les compromis, sont rangés derrière, délaissés, voire détruits. Le respect du passé est une attitude filiale, naturelle à tout créateur : un fils a, pour son père, amour et respect. Je vous montrerai quelle attention j'ai vouée

dès ma jeunesse à l'étude des folklores. Plus tard, j'ai pu intervenir de toutes mes forces pour sauver, ici, la prestigieuse Casbah d'Alger qu'on voulait détruire parce qu'elle abrite trop de mauvais garçons; là, le Vieux Port de Marseille que les Ponts-et-Chaussées pensaient hâtivement pouvoir transformer en collecteur des autostrades du Sud; ailleurs, le vieux Barcelone, qui me fournissait l'occasion de proposer une méthode de mise en valeur du patrimoine historique des villes. Tout cela n'a pas empêché les détracteurs de m'accuser de vouloir détruire systématiquement le passé!

Vous ne confondez pas ce respect, cet amour, cette admiration, avec l'insolence et l'indolence d'un fils à papa bien décidé à s'épargner tout effort personnel, préférant vendre à ses clients le travail de ses aïeux. Or, sous l'effet de la plus triste démission de pensée, le pays est invité à se revêtir des défroques folkloriques. Une troupe nombreuse de peureux, d'indigents, de timorés, s'y prépare, prête à couvrir la ville et la campagne – tout le pays – de faux en architecture. Solon eût puni de tels crimes. J'avais vingt-trois ans lorsque j'arrivai, après cinq mois de route, devant le Parthénon, à Athènes. Son fronton était debout, mais le long côté du temple était par terre, colonnes et entablements renversés par l'explosion des poudres que les Turcs y avaient autrefois enfermées. Pendant des semaines, j'ai touché de mes mains respectueuses, inquiètes, étonnées, ces pierres qui, mises debout et à la hauteur voulue, jouèrent l'une des plus formidables musiques qui soit : clairons sans appel, vérité des dieux!

Mais le passé nous a laissé aussi des choses laides, et l'architecte exprime dans L'Art décoratif d'aujourd'hui sa défiance vis-à-vis de toute iconolâtrie.

Le passé n'est pas une entité infaillible… Il a ses choses belles et les laides. Le mauvais goût n'est pas né d'hier. Le passé profite d'un avantage sur le présent : il s'enfonce dans l'oubli. L'intérêt qu'on lui porte n'excite pas nos forces actives absorbées violemment par le fait contemporain, mais il caresse nos heures de loisir; nous le contemplons avec la bénignité du désintéressement. Signification ethnographique, document de mœurs, valeur historique, valeur de collection, s'ajoutent à son état de beauté ou de laideur et dans les deux alternatives en augmentent l'intérêt. Nos admirations pour les choses d'une culture antérieure sont souvent en ce cas objectif, une rencontre captivante de l'animal qui est en nous avec ce qu'il en restait dans ces produits d'une culture en cheminement : le simple animal humain des fêtes foraines. La culture est une marche vers la vie intérieure. Le décor d'or et de pierres précieuses est le fait du sauvage endimanché qui nous habite encore.

Aucune raison pratique ou élevée n'excuse ni n'explique l'iconolâtrie. Puisque l'iconolâtrie se dresse et s'étale puissante comme un cancer, soyons des iconoclastes.

Dans une lettre adressée le 23 septembre 1936 à un groupe d'architectes du Transvaal, Le Corbusier prône l'abandon de tout académisme et la recherche d'une inspiration nouvelle dans l'observation de la nature.

Je crois qu'on ne mesure pas encore assez que le monde entier est en totale refonte, fondamentalement – qu'une nouvelle civilisation est née, que rien du passé ne peut servir à l'exprimer, que tout doit être à neuf, c'est-à-dire expressif d'un nouvel état de conscience. L'étude du passé peut être féconde, si l'on quitte les enseignements académiques, si l'on étend sa curiosité, à travers le temps et l'espace, à des civilisations triomphantes ou modestes qui ont purement exprimé la sensibilité humaine. L'architecture doit être arrachée à la «planche à dessin», elle doit siéger dans le cœur et dans la tête. Dans le cœur, avant tout, preuve d'amour. Aimer ce qui est juste et ce qui est sensible, inventif, varié. La raison est un guide, rien de plus.

Comment enrichir ses puissances de création? Non pas en s'abonnant à des revues d'architecture, mais en partant en découvertes dans le domaine insondable des richesses de la nature. Là est vraiment la leçon d'architecture : la grâce d'abord! Oui, cette souplesse, cette exactitude, cette indiscutable réalité des combinaisons des engendrements harmonieux dont la nature offre le spectacle en chaque chose. Du dedans au dehors : la perfection sereine. Plantes, animaux, arbres, sites, mers, plaines ou montagnes. Même la parfaite harmonie des catastrophes naturelles, des cataclysmes géologiques, etc. Ouvrir les yeux! Sortir de l'étroitesse des débats professionnels. Se donner si passionnément à l'étude de la raison des choses que l'architecture s'en trouve devenir spontanément la conséquence.

Briser les «écoles» (école «Corbu» au même titre que l'école Vignole – je vous en supplie!), pas de formules, pas de «trucs», pas de tours de mains. Nous sommes au début de la découverte architecturale des temps modernes. Que de toutes parts surgissent des compositions fraîches. Dans cent ans, nous pourrons parler d'un «style». Il n'en faut pas aujourd'hui, mais seulement du style, c'est-à-dire de la tenue morale dans toute œuvre créée, véritablement créée.

Je voudrais que les architectes – non pas seulement les étudiants – prennent leur crayon pour dessiner une plante, une feuille, exprimer l'esprit d'un arbre, l'harmonie d'un coquillage, la formation des nuages, le jeu si riche des vagues qui s'étalent sur le sable et pour découvrir les expressions successives d'une force intérieure. Que la main (avec la tête derrière) se passionne à cette intime enquête.

Retour d'Amérique, Le Corbusier proclame son amour de «l'arbre ami de l'homme» dans son ouvrage Quand les cathédrales étaient blanches.

L'arbre, l'ami de l'homme, symbole de toute création organique; l'arbre, image d'une construction totale. Spectacle ravissant qui, bien que dans un ordre impeccable, apparaît à nos yeux sous les plus fantaisistes arabesques; jeu mathématiquement mesuré des branches démultipliées à chaque printemps d'une nouvelle main ouverte. Feuilles aux nervures si bien réglées. Couverture, sur nous, entre terre et ciel. Ecran généreux à proximité de nos yeux. Mesure agréable interposée entre nos cœurs et nos yeux et les géométries éventuelles de nos constructions dures. Outil précieux dans les mains de l'urbaniste. Expression la plus synthétique des forces de la nature. Présence de la nature dans la ville, autour de nos labeurs ou de nos divertissements. Arbre, compagnon millénaire de l'homme!

Soleil, espace et arbres, je les ai reconnus comme les matériaux fondamentaux de l'urbanisme, porteurs des «joies essentielles». L'affirmant ainsi, je voulais remettre l'homme dans ses villes, au cœur même de son milieu naturel, de ses émotions fondamentales.

Privé d'arbres, le voici dans l'artifice seul de ses propres créations; il est licite que parfois, en certaines occasions solennelles, il s'affirme dans toute la rigueur, la pureté et la force de ses géométries. Mais privé d'arbres, sur l'étendue partielle ou totale de ses villes en d'innombrables occasions où rien n'est concerté, où tout est disgracieux et brutal, il est triste d'être ainsi nu et indigent, perdu dans l'insécurité d'un ordre défaillant, dans l'arbitraire d'un fatal désordre.

Au beau milieu toutefois de Manhattan, on a réservé «Park Central».

On se plaît à accuser les Américains de poursuivre l'unique conquête de l'argent? Je suis saisi d'admiration devant la force de caractère de l'autorité de New York qui, au centre de Manhattan, a conservé, de roches granitiques et d'arbres, un parc de quatre millions et demi de mètres carrés.

Racines, fossiles, os, galets ou silex peuvent être des «objets à réaction poétique» et la source d'inspiration d'œuvres plastiques, comme Le Corbusier le confie dans son Entretien avec les étudiants des écoles d'architecture.

La nature peut, à son tour, ajouter un contingent merveilleusement sensible. Témoins qualifiés d'*objets à réaction poétique* et qui, par leur forme, leur dimension, leurs matières, leurs possibilités de conservation, sont capables d'occuper notre espace domestique. Tel est un galet roulé par l'océan et tel autre une brique cassée arrondie par les eaux du lac ou de la rivière; voici des ossements ou des fossiles ou des racines d'arbres ou d'algues et parfois quasi pétrifiées; et des coquilles entières, lisses comme porcelaine ou sculptées à la grecque ou à l'hindoue; en voici de cassées nous révélant leur étonnante structure hélicoïdale; ces graines, ces silex, ces cristaux, des morceaux de pierre, de bois, bref l'infinité de témoins parlant langue de nature, caressés de vos mains, scrutés de votre œil, compagnons évocateurs… C'est par eux qu'un contact amical est maintenu entre la nature et nous. A un moment donné, je les ai pris pour thème de mes tableaux ou de mes peintures murales. Par eux, des caractères s'énoncent : le mâle et la femelle, le végétal et le minéral, le bourgeon et le fruit […], toutes les nuances […], toutes les formes […]. Et nous, hommes et femmes placés dans la vie et réagissant de nos sensibilités aguerries, affûtées, aiguisées, créant dans notre esprit des choses de notre esprit, étant agissants ou non moins passifs ou inattentifs; agissant et, par conséquent : participant. Participant, mesurant, appréciant. Heureux dans cette course «en prise directe» avec la Nature qui nous parle force, pureté, unité et diversité. Et je tiendrais à vous voir dessiner de vos crayons ces événements plastiques, ces témoins de vie organique, ces manifestations si éloquentes sous leur volume ici restreint des lois et règles naturelles et cosmiques : cailloux, cristaux, plantes ou leurs rudiments, prolongeant leur leçon jusqu'aux nuages avec leurs pluies, et jusqu'à l'érosion au sein des réalités géologiques, et jusqu'à ces spectacles décisifs, découverts d'avion […], où la nature – notre asile – n'est autre que l'incessant champ de bataille des éléments en bagarre. Ceci remplacerait ces plates études de plâtres antiques qui ont terni la considération que nous acquérions ainsi des Grecs et des Romains, au même titre que le catéchisme avait défloré pour nous l'éclat des Ecritures. On se dérobe à la fermeté des couleurs comme on se refuse également à la fermeté des solutions bâties.

Le progrès. «Quand les cathédrales étaient blanches»

Le Corbusier veut qu'avec un «esprit nouveau» l'architecte réalise, en se délivrant des modèles hérités du passé, une architecture nouvelle, des villes nouvelles, conçues pour le bonheur des hommes, à l'échelle de l'homme. Au conservatisme académique des architectes du XXe siècle, il oppose les réalisations audacieuses des ingénieurs.

L'«esprit nouveau», c'est également un graphisme nouveau.

Quand les cathédrales étaient blanches *oppose sous un titre provocateur l'audace de ceux qui ont construit les «gratte-ciel de Dieu» au-dessus des villes du Moyen Age au caractère timoré des architectes du XXe siècle.*

Je voudrais conduire à l'examen de conscience et au repentir ceux qui, de toute la férocité de leur haine, de leur frousse, de leur indigence d'esprit, de leur absence de vitalité, s'emploient avec un acharnement néfaste à détruire ou à combattre ce qu'il y a de plus beau dans ce pays – la France – et dans cette époque : l'invention, le courage et le génie créatif tout particulièrement attaché aux choses du bâtiment – en ces choses où coexistent la raison et la poésie, où font alliance la sagesse et l'entreprise.

Quand les cathédrales étaient blanches, l'Europe avait organisé les métiers à la requête impérative d'une technique toute neuve, prodigieuse, follement téméraire et dont l'emploi conduisait à des systèmes de formes inattendues – en fait à des formes dont l'esprit dédaignait le legs de mille années de tradition, n'hésitant pas à projeter la civilisation vers une aventure inconnue. Une langue internationale régnait partout où était la race blanche, favorisant l'échange des idées et le transport de la culture. Un style international s'était répandu d'Occident en Orient et du Nord au Sud – un style qui entraînait le torrent passionné des délectations spirituelles : amour de l'art, désintéressement, joie de vivre en créant.

Les cathédrales étaient blanches parce qu'elles étaient neuves. Les villes étaient neuves; on en construisait de toutes pièces, en ordre, régulières, géométriques, d'après des plans. La pierre de France fraîche de taille était éclatante de blancheur, comme avait été blanche et éblouissante l'Acropole d'Athènes, comme avaient été luisantes de granit poli les Pyramides d'Egypte. Sur toutes les villes ou les bourgs encerclés de murailles neuves, le gratte-ciel de Dieu dominait la contrée. On l'avait fait aussi haut qu'on avait pu, extraordinairement haut. C'était une disproportion dans l'ensemble. Mais non, c'était un acte d'optimisme, un geste de courage, un signe de fierté, une preuve de maîtrise! en s'adressant à Dieu, les hommes ne signaient pas leur abdication.

Le monde nouveau commençait. Blanc, limpide, joyeux, propre, net et sans retours, le monde nouveau s'ouvrait comme une fleur sur les ruines. On avait tout quitté de ce qui était usages reconnus; on avait tourné le dos. En cent années, le prodige s'accomplit et l'Europe fut changée.

Les cathédrales étaient blanches.

Je ne veux montrer rien d'autre que la grande similitude de ce temps passé et de l'époque présente. Nos cathédrales, à nous, ne sont pas encore dressées. Les cathédrales sont celles des autres – des morts – elles sont noires de suie et rongées par les siècles. Tout est noir de suie et rongé par l'usure : les institutions, l'éducation, les villes, les fermes, nos vies, nos cœurs, nos pensées. Tout pourtant est neuf dans la contingence, frais, en naissance dans le monde. Des yeux détournés des choses mortes, déjà regardent en avant. Le vent change; le vent d'hiver est supplanté par le vent de printemps; le ciel est noir encore de nuées; elles sont emportées.

Ces yeux qui voient, ces gens qui savent, il faut leur laisser construire le monde neuf. Lorsque les premières cathédrales blanches du monde neuf seront debout, on verra, on saura que c'est vrai, que ça a commencé. Avec quel enthousiasme, quelle ferveur, quel soulagement, se fera la volte-face! La preuve sera là. Peureux, le monde réclame la preuve d'abord. La preuve? La preuve, en ce pays, c'est que les cathédrales furent blanches autrefois. [...]

La vie éclate partout, hors des ateliers où l'on «fait» de l'art, hors des cénacles où l'on en parle, hors des écrits où l'on isole, localise et désintègre l'*esprit de qualité*.

Il n'y a pas crise de la vie.

Mais crise seulement d'une corporation : les faiseurs d'art.

Les plasticiens du monde sont partout en pleine production intense, innombrable, illimitée. La Terre voit surgir chaque jour, à chaque heure, des splendeurs qui sont des vérités et de la beauté *présente*. Passagères peut-être! Demain, de nouvelles vérités et de nouvelles beautés éclosent. Après-demain, etc...

Ainsi la vie est remplie, pleine. La vie est belle! Nous n'avons pas, – n'est-ce pas? – l'intention ni la prétention de fixer le destin des *futures choses* éternelles? Tout, à chaque heure, n'est qu'œuvre du temps présent.

L'heure présente est créative, créatrice, d'une intensité inouïe.

Une grande époque a commencé.

Une époque nouvelle.

Déjà manifestée en d'innombrables œuvres individuelles et collectives, faisant corps avec la presque totalité de la production contemporaine, surgissant des ateliers, des manufactures, des usines, des cerveaux des ingénieurs, des artistes – objets, statuts, projets, pensées – la civilisation machiniste éclate.

Les temps nouveaux!

Ce fut en tous points semblable, une fois, voici sept siècles, alors qu'un monde nouveau naissait, quand les cathédrales étaient blanches!

Quand les cathédrales étaient blanches...
Voyage au pays des timides,
Plon, Paris, 1937

Dans Vers une architecture, *Le Corbusier proclame son admiration pour la machine, le paquebot et l'avion.*

Des ingénieurs anonymes, des mécanos dans le cambouis et la forge, ont conçu et construit ces choses formidables que sont les paquebots. Nous autres terriens, nous manquons de moyens d'appréciation, et il serait heureux que, pour nous apprendre à tirer notre chapeau devant les œuvres de la «régénération», l'occasion nous soit fournie de faire les kilomètres de marche que représente la visite d'un paquebot.

Les architectes vivent dans l'étroitesse des acquis scolaires, dans l'ignorance des nouvelles règles de bâtir, et leurs conceptions s'arrêtent volontiers aux colombes entre-baisées. Mais les constructeurs de paquebots, hardis et savants, réalisent des palais auprès desquels les cathédrales sont toutes petites : et ils les jettent sur l'eau!

L'architecture étouffe dans les usages. [...]

Si l'on oublie un instant qu'un paquebot est un outil de transport et qu'on le regarde avec des yeux neufs, on se sentira en face d'une manifestation importante de témérité, de discipline, d'harmonie, de beauté calme, nerveuse et forte.

Un architecte sérieux qui regarde en architecte (créateur d'organismes) trouvera dans un paquebot la libération des servitudes séculaires maudites.

Il préférera, au respect paresseux des traditions, le respect des forces de la nature; à la petitesse des conceptions médiocres, la majesté des solutions découlant d'un problème bien posé et requises par ce siècle de grand effort qui vient de faire un pas de géant.

La maison des terriens est l'expression d'un monde périmé à petites dimensions. Le paquebot est la première étape dans la réalisation d'un monde organisé selon l'esprit nouveau. [...]

Il est un métier, un seul, l'architecture, où le progrès n'est pas de rigueur, où la paresse règne, où l'on s'en réfère à hier.

Partout ailleurs, l'inquiétude de demain harcèle et conduit à la solution : si l'on n'avance pas, on fait faillite.

Mais en architecture, on ne fait jamais faillite. Métier privilégié. Hélas! [...]

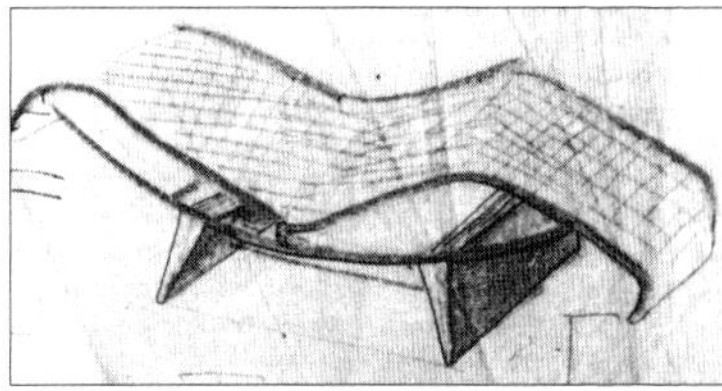

Je me place, au point de vue de l'architecture, dans l'état d'esprit de l'inventeur d'avions.

La leçon de l'avion n'est pas tant dans les formes créées, et, tout d'abord, il faut apprendre à ne pas voir dans un avion un oiseau ou une libellule, mais une machine à voler; la leçon de l'avion est dans la logique qui a présidé à l'énoncé du problème et qui a conduit à la réussite de sa réalisation. Quand un problème est posé, à notre époque, il trouve fatalement sa solution.

Le problème de la maison n'est pas posé.

Du meuble à la ville, Le Corbusier a une même conception d'un monde nouveau. Ci-contre, l'esquisse d'une chaise longue, et ci-dessous, le Plan Voisin de Paris (1925).

L'Art décoratif d'aujourd'hui *exprime l'émerveillement de l'architecte pour la beauté de la machine, expression calculée de vérité et d'exactitude.*

Le miracle de la machine, c'est donc d'avoir créé des organes harmonieux, du moins d'une harmonie s'approchant de la perfection au fur et à mesure que l'expérience et l'invention y apportent la purification.

Tous les travaux humains trouvent leur vérification, tôt ou tard, c'est-à-dire, lorsque l'effet de ces travaux a pu se produire sur les esprits, sur les cœurs, sur les consciences; la preuve intervient tardivement dans les systèmes qui touchent à notre émotion; les ans passent, des hommes meurent encensés faussement ou méprisés injustement; tardives sont les réhabilitations, tardives les déchéances méritées. Dans la confusion actuelle des arts, il serait bon de raccourcir ce phénomène distendu et délayé par les innombrables excroissances qu'y ont semées les siècles. Avec la machine la preuve se fait de suite; *ça tourne, ça ne tourne pas!* La relation de cause à effet est directe.

En gros, on peut dire que toute machine qui tourne est une vérité instantanée. C'est un être viable, un *organisme clair*. Je crois que c'est sur cette clarté et cette viabilité saine que s'inclinent nos sympathies; sentiment de paternité : un être est créé qui vit.

Mais d'autres facteurs viennent ajouter à ce sentiment obscur, profond et vrai. La machine est calcul; le calcul est système créatif humain garnissant nos aîtres, expliquant avec des recoupements exacts à nos yeux l'univers que nous pressentons, la nature que nous voyons avec ses démonstrations tangibles de vie ordonnée. L'expression graphique de ce calcul est la géométrie; la mise en œuvre de ce calcul est établie sur la géométrie, moyen qui *est nôtre*, qui nous est cher, qui est notre seul moyen de mesure des événements et des choses. La machine est toute de géométrie. La géométrie est notre grande création et elle nous ravit.

Agit alors le mécanisme direct de la vue, du toucher, des sens. Vraiment la machine est un chantier d'expérimentation merveilleuse de la physiologie des sensations, autrement riche et en *ordre*, que la statuaire.

Dès 1914, Le Corbusier a défendu l'idée d'une construction en série par éléments modulaires industrialisés dont il présente les principes dans Vers une architecture.

Maisons en série. Une grande époque vient de commencer.

Il existe un esprit nouveau.

L'industrie, envahissante comme un fleuve qui roule à ses destinées, nous apporte les outils neufs adaptés à cette époque nouvelle animée d'esprit nouveau.

La loi d'Economie gère impérativement nos actes et nos pensées.

Le problème de la maison est un problème d'époque. L'équilibre des sociétés en dépend aujourd'hui. L'architecture a pour premier devoir, dans une époque de renouvellement, d'opérer la révision des valeurs, la révision des éléments constitutifs de la maison.

La série est basée sur l'analyse et l'expérimentation.

La grande industrie doit s'occuper du bâtiment et établir en série les éléments de la maison.

Il faut créer l'état d'esprit de la série,

L'état d'esprit de construire des maisons en série,

L'état d'esprit d'habiter des maisons en série,

L'état d'esprit de concevoir des maisons en série.

Si l'on arrache de son cœur et de son esprit les concepts immobiles de la maison et qu'on envisage la question d'un point de vue critique et objectif, on arrivera à la maison-outil, maison en série, saine (et moralement aussi) et belle de l'esthétique des outils de travail qui accompagnent notre existence.

Belle aussi de toute l'animation que le sens artiste peut apporter à des stricts et purs organes. [...]

Le programme vient d'être fixé. MM. Loucheur et Bonnevay demandent à la Chambre une loi décrétant la construction de 500.000 logements à bon marché. C'est une circonstance exceptionnelle dans les annales de la construction, circonstance qui requiert également des moyens exceptionnels.

Or, tout est à faire; rien n'est prêt pour la réalisation de ce programme immense. *L'état d'esprit n'existe pas*. [...] La spécialisation a à peine abordé le domaine de la bâtisse. Il n'y a ni usines, ni techniciens de spécialisation.

Mais en un clin d'œil, si l'état d'esprit de la série naissait, tout serait vite mis sur pied. En effet, dans toutes les branches du bâtiment, l'industrie [...] tend de plus en plus à transformer les matériaux bruts naturels, et à produire ce qu'on appelle des «matériaux nouveaux». Ils sont légion : ciments et chaux, fers profilés, céramique, matériaux isolants, tuyauteries, quincaillerie, enduits imperméables, etc., etc. Tout cela arrive pour l'instant en vrac dans les bâtiments en construction, s'y ajuste à l'improviste, coûte une main-d'œuvre énorme, fournit des solutions bâtardes. C'est que les divers objets de la construction n'ont pas été sériés. C'est que l'état d'esprit n'existant pas, on ne s'est pas livré à l'étude rationnelle des objets et plus encore à l'étude rationnelle de la construction elle-même; l'état d'esprit

Le principe Dom-ino, en 1914, était déjà destiné à être reproduit en série.

de la série est haïssable aux architectes et aux habitants (par contagion et persuasion). Songez : on en arrive justement, et tout essoufflé, au r-é-g-i-o-n-a-l-i-s-m-e! Ouf! Et le plus comique, c'est la dévastation des pays envahis qui nous y conduit. Devant la tâche immense de tout à reconstruire, on est allé à sa panoplie décrocher sa flûte de Pan, et on en joue, on en joue dans les comités et dans les commissions. Puis on vote des résolutions. Celle-ci par exemple, qui mérite d'être citée : de faire pression sur la Compagnie des Chemins de fer du Nord pour l'obliger à construire sur la ligne Paris-Dieppe trente stations de styles différents, parce que les trente stations que les express brûlent ont chacune une colline et tel pommier qui sont bien à elle et qui sont son caractère, son âme, etc. Fatale flûte de Pan!

Et de fil en aiguille, après avoir fabriqué en usine tant de canons, d'avions, de camions, de wagons, on se dit : ne pourrait-on pas fabriquer des maisons? Voilà un état d'esprit tout à fait d'époque. Rien n'est prêt, mais tout peut être fait. Dans les vingt années à venir [...], les lotissements urbains et suburbains seront vastes et orthogonaux et non plus désespérément biscornus; ils permettront l'emploi de l'élément en série et l'industrialisation du chantier. L'on cessera peut-être enfin de construire «sur mesure». L'évolution sociale fatale aura transformé les rapports entre locataires et propriétaires, aura modifié les conceptions de l'habitation et les villes seront ordonnées au lieu d'être chaotiques. La maison ne sera plus cette chose épaisse et qui prétend défier les siècles et qui est l'objet opulent par quoi se manifeste la richesse; elle sera un outil comme l'auto devient un outil. La maison ne sera plus une entité archaïque, lourdement enracinée dans le sol par de profondes fondations, bâtie de «dur» et à la dévotion de laquelle s'est instauré depuis si longtemps le culte de la famille, de la race, etc.

L'architecture, c'est fait pour émouvoir

Contrairement à la plupart des architectes, Le Corbusier a beaucoup écrit. Avec un goût profond de la lecture et de l'écriture, il éprouvait le besoin d'exposer ses idées, de les analyser, de les reprendre après les avoir mises en œuvre sur le calque ou sur le chantier. S'il renouvelle constamment son expression architecturale, il reste tout au long de son œuvre attaché à quelques idées maîtresses reprises dans plusieurs de ses livres.

Dans Vers une architecture, *Le Corbusier expose que l'architecture, au-delà de la construction, est faite pour émouvoir.*

On met en œuvre de la pierre, du bois, du ciment; on en fait des maisons, des palais; c'est de la construction. L'ingéniosité travaille.

Mais, tout à coup, vous me prenez au cœur, vous me faites du bien, je suis heureux, je dis : c'est beau. Voilà l'architecture. L'art est ici.

Ma maison est pratique. Merci, comme merci aux ingénieurs des chemins de fer et à la Compagnie des Téléphones. Vous n'avez pas touché mon cœur.

Mais les murs s'élèvent sur le ciel dans un ordre tel que j'en suis ému. Je sens vos intentions. Vous étiez doux, brutal, charmant ou digne. Vos pierres me le disent. Vous m'attachez à cette place et mes yeux regardent. Mes yeux regardent quelque chose qui énonce une pensée. Une pensée qui s'éclaire sans mots ni sons, mais uniquement par des prismes qui ont entre eux des rapports. Ces prismes sont tels que la lumière les détaille clairement. Ces rapports n'ont trait à rien de nécessairement pratique ou descriptif. Ils sont une création mathématique de votre esprit. Ils sont le langage de l'architecture. Avec des matériaux inertes, sur un programme plus ou moins utilitaire que vous *débordez*, vous avez établi des rapports qui m'ont ému. C'est l'architecture.

Dans L'Almanach d'architecture moderne, *Le Corbusier reprend l'opposition construction-architecture : la maison est une machine à habiter mais, faite pour l'homme.*

La villa Stein offre, comme toutes les villas puristes, des «promenades architecturales».

La maison a deux fins. C'est d'abord une *machine à habiter*, c'est-à-dire une machine destinée à nous fournir une aide efficace pour la rapidité et l'exactitude dans le travail, une machine diligente et prévenante pour satisfaire aux exigences du corps : confort. Mais c'est ensuite le lieu utile pour la méditation, et enfin le lieu où la beauté existe et apporte à l'esprit le calme qui lui est indispensable; je ne prétends pas que l'art soit une pâtée pour tout le monde, je dis simplement que, pour certains esprits, la maison doit apporter le sentiment de beauté. Tout ce qui concerne les fins pratiques de la maison, l'ingénieur l'apporte; pour ce qui concerne la méditation, l'esprit de beauté, l'ordre qui règne (et sera le support de cette beauté), ce sera l'*architecture*. Travail de l'ingénieur d'une part; architecture d'autre part.

La maison procède directement du phénomène d'anthropocentrisme, c'est-à-dire que tout se ramène à l'homme, et cela pour cette raison bien simple que la maison n'intéresse que nous fatalement et davantage que n'importe quoi d'autre; la maison s'attache à nos gestes : c'est la coquille de l'escargot. Il faut donc qu'elle soit faite à notre mesure.

Tout ramener ainsi à l'échelle humaine constitue une nécessité; c'est la seule solution à adopter, c'est surtout le seul moyen de voir clair dans le problème actuel de l'architecture et de permettre une révision totale des valeurs, révision indispensable après une période qui est, en somme, la dernière vague de la Renaissance, l'aboutissement de près de six siècles de culture prémachiniste, période brillante venue se briser devant le machinisme, période qui, contrairement à la nôtre, s'est consacrée au faste extérieur, palais des seigneurs, églises des papes.

Le Corbusier pense que l'architecture se découvre en marchant et il consacre à ce thème, important dans nombre de ses œuvres construites, un texte de son Entretien avec les étudiants des écoles d'architecture.

L'architecture *se marche*, *se parcourt* et n'est point, comme selon certains enseignements, cette illusion toute graphique organisée autour d'un point central abstrait qui se prétendrait homme, un homme chimérique, muni d'un œil de mouche et dont la vision serait simultanément circulaire. Cet homme n'existe pas et c'est par cette confusion que la période classique amorça le naufrage de l'architecture. Notre homme est, au contraire, muni de deux yeux placés devant lui, à 1 m. 60 au-dessus du sol et regardant *au devant*. Réalité de notre biologie, qui suffit à condamner tant de plans faisant la roue autour d'un pivot abusif. Muni de ses deux yeux et regardant devant lui, notre homme marche, se déplace, livré à ses occupations, enregistrant ainsi le déroulement des faits architecturaux apparus à la suite l'un de l'autre. Il en ressent l'émoi, fruit de commotions successives. [...]

S'agissant de circulation extérieure, on a parlé de vie ou de mort, de vie ou de mort de la sensation architecturale, de vie ou de mort de l'émotion. Evénement qui devient combien plus pertinent encore lorsqu'il s'agit de circulation *intérieure*. On dit, sans façon, qu'un être vivant est un tube digestif. Succinctement aussi, disons que l'architecture est circulation intérieure et pas pour d'exclusives raisons fonctionnelles [...], mais très particulièrement pour des raisons d'émotion, les divers aspects de l'œuvre, la symphonie qui, en fait, se joue, ne pouvant être saisissables qu'au fur et à mesure que les pas nous portent, nous placent et nous déplacent, offrant à notre regard la pâture de murs ou de perspectives, l'attendu ou l'inattendu des portes livrant le secret de nouveaux espaces, la succession des ombres, pénombres ou lumières que gère le soleil pénétrant par les fenêtres ou les baies, la vue des lointains bâtis ou plantés comme aussi celle des premiers plans savamment aménagés. La qualité de la circulation intérieure sera la vertu biologique de l'œuvre, organisation du corps bâti liée, en vérité, à la raison d'être de l'édifice. La bonne architecture «se marche» et «se parcourt» au dedans comme au dehors. C'est l'architecture vivante. La mauvaise architecture est figée autour d'un point fixe, irréelle, factice, étrangère à la loi humaine.

Pour Le Corbusier, le plan est fondamental et l'expression architecturale en est la résultante. Mais la façade n'en doit pas moins être rigoureusement ordonnée à l'aide de tracés régulateurs. Quant au site autour de l'édifice, il s'inscrit aussi dans le spectacle architectural. Ces trois idées, il les expose dans Vers une architecture.

Le plan

Faire un plan, c'est préciser, fixer des idées. C'est avoir eu des idées.

C'est ordonner ces idées pour qu'elles deviennent intelligibles, exécutables et transmissibles. Il faut donc manifester d'une intention précise, avoir eu des idées pour avoir pu se donner une intention. Un plan est en quelque sorte un concentré comme une table analytique des matières. Sous une forme si concentrée qu'il apparaît comme un cristal, comme une épure de géométrie, il contient une énorme quantité d'idées et une intention motrice.

Dans un grand établissement public, l'Ecole des Beaux-Arts, on a étudié les principes du bon plan, puis au cours des ans, on a fixé des dogmes, des recettes, des trucs. Un enseignement de début utile est devenu une pratique périlleuse. De l'idée intérieure, on a fait quelques signes consacrés extérieurs, des aspects. Le plan, faisceau d'idées et intention intégrée dans ce faisceau d'idées, est devenu un feuillet de papier où des points noirs qui sont les murs, et des traits qui sont des axes, jouent à la mosaïque, au panneau décoratif, font des graphiques aux étoiles étincelantes, provoquent l'illusion d'optique. La plus belle étoile devient Grand Prix de Rome. Or, le plan est le générateur, «le plan est la détermination de tout; c'est une austère abstraction, une algébrisation aride au regard». C'est un plan de bataille. La bataille suit et c'est le grand moment. La bataille est faite du choc des volumes dans l'espace et le moral de la troupe, c'est le faisceau d'idées préexistantes et l'intention motrice. Sans bon plan rien n'existe, tout est fragile et ne dure pas, tout est pauvre même sous le fatras de l'opulence.

Le plan implique, dès le début, les procédés de construction; l'architecte est tout d'abord ingénieur. Mais restreignons la question à l'architecture, cette chose qui dure à travers le temps. Me plaçant à ce point de vue exclusivement, je commencerai en attirant l'attention sur ce fait capital : un plan procède *du dedans au dehors*, car la maison ou le palais sont un organisme semblable à tout être vivant. Je parlerai des *éléments* architecturaux de l'intérieur. Je passerai à l'*ordonnance*. Considérant l'effet d'une architecture dans un site, je montrerai qu'ici encore le *dehors* est toujours un *dedans*.

Le tracé régulateur

Un tracé régulateur est une assurance contre l'arbitraire : c'est l'opération de vérification qui approuve tout travail créé dans l'ardeur, la preuve par neuf de l'écolier, le C. Q. F. D. du mathématicien.

Le tracé régulateur est une satisfaction d'ordre spirituel qui conduit à la recherche de rapports ingénieux et de rapports harmonieux. Il confère à l'œuvre l'eurythmie.

Le tracé régulateur apporte cette mathématique sensible donnant la perception bienfaisante de l'ordre. Le choix d'un tracé régulateur fixe la géométrie fondamentale de l'ouvrage; il détermine donc l'une des impressions fondamentales. Le choix d'un tracé régulateur est un des moments décisifs de l'inspiration, il est l'une des opérations capitales de l'architecture.

Tracé régulateur sur la façade de Notre-Dame de Paris, par C.-E. Jeanneret.

Le dehors est toujours un dedans

Quand, à l'Ecole, on tire des axes en étoiles, on s'imagine que le spectateur arrivant devant l'édifice n'est sensible qu'à cet édifice et que son œil s'en va infailliblement et reste exclusivement rivé au centre de gravité que ces axes ont déterminé. L'œil humain, dans ses investigations, tourne toujours et l'homme tourne toujours aussi à gauche, à droite, pirouette. Il s'attache à tout et est attiré par le centre de gravité du site entier. D'un coup le problème s'étend à l'entour. Les maisons voisines, la montagne lointaine ou proche, l'horizon bas ou haut, sont des masses formidables qui agissent avec la puissance de leur cube. Le cube d'aspect et le cube réel sont instantanément jaugés, pressentis par l'intelligence. La sensation cube est immédiate, primordiale; votre édifice cube 100.000 mètres cubes, mais ce qui est autour cube des millions de mètres cubes, ce qui compte. Puis vient la sensation densité : un pierrier, un arbre, une colline sont moins forts, de densité plus faible qu'un agencement géométrique de formes. Le marbre est plus dense à l'œil et à l'esprit que du bois et ainsi de suite. Hiérarchie toujours.

En résumé, dans les spectacles architecturaux, les éléments du site interviennent en vertu de leur cube, de leur densité, de la qualité de leur matière, porteurs de sensations bien définies et bien différentes (bois, marbre, arbre, gazon, horizon bleus, mer proche ou lointaine, ciel). Les éléments du site se dressent comme des murs affublés en puissance de leur coefficient «cube», stratification, matière, etc., comme les murs d'une salle. Murs et lumière, ombre ou lumière, triste, gai ou serein, etc. Il faut composer avec ces éléments.

Du salon, on domine donc, la lumière afflue (lettre à Mme Meyer).

L'acte de création architecturale est d'autant plus difficile que l'architecte recherche la rigueur. Dans une lettre qu'il adresse en octobre 1925 à une cliente, Mme Meyer, Le Corbusier explique que «le simple n'est pas le facile».

Madame,

Nous avons rêvé de vous faire une maison qui fût lisse et unie comme un coffre de belle proportion et qui ne fût pas offensée d'accidents multiples qui créent un pittoresque artificiel et illusoire et qui sonnent mal sous la lumière et ne font qu'ajouter au tumulte d'alentour. Nous sommes en opposition avec la mode qui sévit dans ce pays et à l'étranger de maisons compliquées et heurtées. Nous pensons que l'unité est plus forte que les parties. Et ne croyez pas que ce lisse soit l'effet de la paresse; il est au contraire le résultat de plans longuement mûris. Le simple n'est pas le facile. Au vrai, il y aurait eu de la noblesse dans cette maison dressée contre le feuillage…

La porte d'entrée serait sur le côté, et pas dans l'axe. Serions-nous passibles des foudres de l'académie?…

Le vestibule, grand, inondé de lumière… vestiaire, toilette s'y dissimulent. Du service on y atteint sans détour. Et si l'on monte d'un étage, c'est pour joindre le salon haut, hors de l'ombre des futaies, et donner de là-haut la magnifique vue sur les feuillages. Et voir davantage du ciel… S'ils sont bien logés, les domestiques, la maison sera bien tenue. Pas de combles, puisqu'on y mettra un jardin, un solarium et une piscine. Du salon, on domine donc, la lumière afflue. Entre le double vitrage de la grande baie on a installé une serre chaude qui d'un coup neutralise la surface refroidissante du verre : là, des grandes plantes bizarres, qu'on voit dans les serres des châteaux ou des amateurs : un aquarium, etc. Par la petite porte qui est dans l'axe de la maison, on file vers le fond du jardin par une passerelle, sous les arbres, pour y déjeuner ou y dîner…

Cet étage est une seule salle, salon, salle à manger, etc., bibliothèque. Ah oui, le tambour de service! Au beau milieu. Bien sûr! Pour qu'il serve à quelque chose. On le fait avec des briques de liège qui l'isolent comme une cabine de téléphone ou un thermos. Drôle d'idée! Pas tant que ça… C'est simplement naturel. Le service traverse la maison de bas en haut comme une artère. Où donc le placer mieux? Ses murs du fond et ceux du tambour pourraient être gainés. On voit le boudoir avec les meubles casiers.

Le boudoir voit les feuillages des grands arbres et l'espèce de salle à manger d'été. Si l'on veut jouer la comédie, l'on peut s'y vêtir, et deux escaliers permettent de descendre sur la scène qui est au-devant du grand vitrage… Le service monte jusqu'à cette porte qui est à côté de la piscine et derrière la piscine et le service on prend le petit déjeuner.

Du boudoir, on a monté sur le toit où ne sont ni tuiles, ni ardoises, mais un solarium et une piscine avec de l'herbe qui pousse contre les joints des dalles. Le ciel est dessus. Avec les murs autour, personne ne vous voit. Le soir on voit les étoiles et la masse sombre des arbres de la Folie Saint-James. Avec des écrans coulissants on s'isole complètement. Comme à Robinson, comme un peu sur les peintures de Carpaccio. Divertissement… Ce jardin n'est point à la française mais est un bocage sauvage où l'on peut grâce aux futaies du Parc Saint-James se croire loin de Paris… Les services reçoivent le plein soleil, tant mieux. […] Ce projet, Madame, n'est pas né d'un coup sous le crayon hâtif d'un dessinateur de bureau, entre deux coups de téléphone. Il a été longuement mûri, caressé, en des journées de calme parfait en face d'un site hautement classique.

Ces idées… ces thèmes architecturaux qui portent en eux une certaine poésie sont assujettis à la plus rigoureuse règle constructive… Douze poteaux de béton armé à des distances toutes égales portent à peu de frais les planchers. Dans la cage de béton ainsi constituée, le plan joue avec une simplicité telle qu'on est tenté (combien tenté!) de le prendre pour bête… On est accoutumé depuis des années à voir des plans qui sont si compliqués qu'ils donnent l'impression d'hommes portant leurs viscères au-dehors. Nous avons tenu à ce que les viscères soient dedans, classés, rangés et que seule une masse liquide apparût. Pas si facile que cela! A vrai dire c'est là la grande difficulté de l'architecture : faire rentrer dans le rang.

Ces thèmes architecturaux nécessitent, pour que la poésie en jaillisse, des contiguïtés sévères difficiles à résoudre. La chose faite, tout apparaît naturel, facile. Et c'est bon signe. Mais lorsqu'on a commencé à jeter les premières lignes de la composition tout était confusion.

Si la structure et le plan sont extrêmement simples, on peut admettre que l'entrepreneur sera moins exigeant. Ce qui compte. Cela compte même énormément et cette pénible astriction à l'économie ne devient pardonnable que lorsque la solution chante alors… La louange des architectes! Cette dernière manifestation de fatuité n'a lieu que pour faire sourire. Car il faut bien un peu rire…

L'art décoratif moderne n'a pas de décor

Dans toute son œuvre, Le Corbusier a combiné une dimension esthétique et une dimension morale. A travers le purisme, la rigueur et l'ordre, il ne recherche pas seulement la satisfaction du regard mais celle aussi de l'esprit et des sentiments. Cette double relation, morale et esthétique, il la poussera à un niveau d'exigence extrême en niant toute réalité à la «décoration» et en ramenant le mobilier à l'«équipement du logis».

Equipement d'une habitation : détail du mur se séparation entre salon et chambre, sur la base des casiers normalisés, à l'occasion du Salon d'Automne, à Paris, en 1929.

Si l'art est nécessaire à l'homme, comme Le Corbusier l'expose dans L'Art décoratif d'aujourd'hui, *il n'implique pas la vanité du décor.*

L'art décoratif moderne n'a pas de décor.

Mais on affirme que le décor est nécessaire à notre existence. Rectifions; l'art nous est nécessaire, c'est-à-dire une passion désintéressée qui nous élève.

Il suffit donc, pour voir clair, de faire la part des sensations désintéressées et celle des besoins utilitaires. Les besoins utilitaires requièrent l'outillage, perfectionné en *tout* comme une certaine perfection s'est manifestée dans l'industrie. C'est alors le programme magnifique de l'art décoratif. De jour en jour, l'industrie produit des objets de parfaite convenance, parfaitement utile et dont un luxe véritable et qui flatte notre esprit se dégage de l'élégance de leur conception, de la pureté de leur exécution et de l'efficacité de leurs services.

Cette perfection rationnelle et cette détermination précise, particulières à chacun d'eux, créent entre eux les liens suffisants d'une solidarité et ces liens permettent de leur reconnaître un style.

L'Art décoratif d'aujourd'hui! Vais-je m'enfoncer dans le paradoxe? un paradoxe qui n'est qu'apparent. Rassembler sous cette rubrique tout ce qui est exempt de décor, et faire l'apologie de ce qui est banal, indifférent, dépourvu d'*intentions d'art*, inviter les yeux et l'esprit à se complaire en telle compagnie et à peut être s'insurger contre l'arabesque, la tache, la rumeur bruyante des couleurs et des ornements, à ignorer toute une production parfois talentueuse, à passer par-dessus une activité parfois désintéressée, parfois idéaliste, à mésestimer l'effort de tant d'écoles, de tant de maîtres, de tant d'élèves, et penser de cela : «ils sont aussi gênants que des moustiques». En arriver à cette impasse *l'art décoratif moderne n'a pas de décor!* N'en avons-nous pas le droit? L'examen peut nous le confirmer : le paradoxe n'est pas dans le fait, il est dans le mot. Pourquoi appeler ces choses qui nous occupent présentement : *art décoratif*? Voilà le paradoxe; pourquoi appeler *art décoratif* des chaises, des bouteilles, des paniers, des chaussures, tous objets utiles, des *outils*? Paradoxe de faire de l'art avec des outils. Entendons-nous. Je dis paradoxe de faire de l'art avec des outils. Faire de l'art avec des outils tient, si nous nous rallions au Larousse qui veut que l'ART soit *l'application des connaissances à la réalisation d'une conception.* Alors oui. Et nous voici appliqués à mettre toutes nos connaissances à l'exécution parfaite d'un outil : savoir, habileté, rendement, économie, précision, somme des connaissances. Bon outil, excellent outil, le meilleur outil. Nous voici dans la *fabrication*, dans l'industrie; nous sommes à la recherche d'un standard, nous sommes loin du cas personnel, arbitraire, fantaisiste, loufoque; nous sommes dans la norme et nous créons des objets-types.

Le paradoxe est donc bien dans la terminologie. [...]

Décor : bariolage, divertissement agréable au sauvage. (Et je ne doute pas qu'il soit excellent de conserver intacte en soi une petite portion de sauvage, – une petite.) Or au XXe siècle, nous avons développé beaucoup notre jugement et nous avons haussé le niveau de notre esprit. Nos besoins spirituels sont autres et des zones supérieures à celles du décor nous offrent des sensations conformes. Il semble juste d'affirmer : *plus un peuple se cultive,* plus *le décor disparaît.* (Ce doit être Loos qui l'a si nettement écrit.) [...]

Autrefois, l'objet décoré était rare et coûteux. Aujourd'hui, il est innombrable et bon marché. Autrefois l'objet simple était innombrable et bon marché; aujourd'hui il est rare et cher. Autrefois l'objet décoré était un élément de parade : l'assiette de famille du paysan qu'on mettait au mur et le gilet brodé des jours de fête; les ustensiles d'épate des princes. Aujourd'hui l'objet décoré inonde les rayons des Grands Magasins; il se vend bon marché aux midinettes. S'il se vend bon marché, c'est parce qu'il est mal fabriqué et que le décor cache les tares de sa fabrication et la mauvaise qualité des matières employées : le décor camoufle. Les manufactures ont avantage à payer un décorateur pour camoufler les défauts des produits fabriqués, dissimuler la pauvreté des matières et pour distraire l'œil de ces tares en lui offrant les ragoûts épicés des orfèvreries rutilantes et des symphonies hurlantes. La camelote est toujours décorée et surabondamment; l'objet de luxe est bien fait, net et propre, pur et sain, et sa nudité en révèle la bienfacture. L'industrie nous vaut cet important renversement des choses : un poêle de fonte débordant de décor coûte moins qu'un uni; dans les rinceaux serrés et mouvementés, les *pailles* de la fonte ne se voient pas. Et ainsi de suite. [...]

En ces années écoulées, nous avons assisté aux étapes successives de l'événement : avec la construction métallique, *la dissociation du décor et de la structure*. Puis la mode d'*accuser la construction*, indice d'une formation nouvelle. Puis l'éblouissement devant la *nature*, révélant le désir de retrouver (par quel bizarre détour d'application!) les lois d'un *organisme*. Puis la toquade du *simple*, première prise de contact avec les vérités de la mécanique nous ramenant

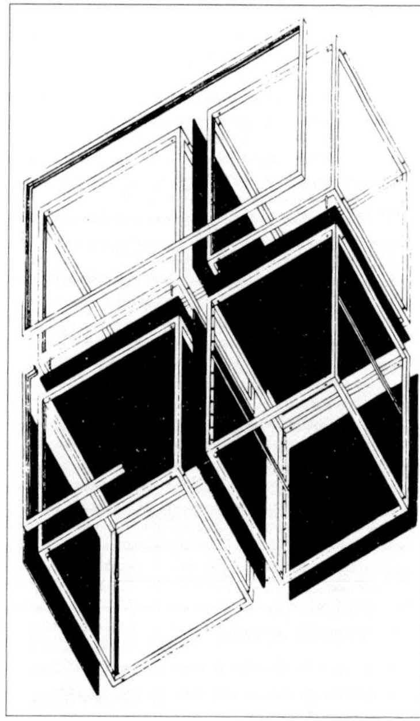

au bon sens et instinctive manifestation d'une esthétique d'époque. [...]

Si quelque Solon imposait à notre effervescence ces deux lois :

LA LOI DU RIPOLIN

LE LAIT DE CHAUX

nous ferions un acte moral : *Aimer la pureté!*

nous accroîtrions notre état : *Avoir un jugement!*

Un acte qui conduit à la joie de vivre : la poursuite de la perfection. [...]

Sur le Ripolin blanc des murs, ces amoncellements de choses mortes du passé ne sauraient être tolérés; elles feraient tache. Tandis qu'elles ne tachent pas le bariolage de nos damas ou de nos papiers peints. [...]

Si la maison est toute blanche, le dessin des choses s'y détache sans transgression possible; le volume des

Sur la base des casiers normalisés (à gauche), un meuble séparant cuisine et salon s'organise (ci-dessus), né de la collaboration entre Le Corbusier, Pierre Jeanneret et Charlotte Perriand (Salon d'automne, 1929).

choses y apparaît nettement; la couleur des choses y est catégorique. Le blanc de chaux est absolu, tout s'y détache, s'y écrit absolument, noir sur blanc; c'est franc et loyal.

Mettez-y des objets malpropres ou de faux goût; cela saute aux yeux. C'est un peu les rayons X de la beauté. C'est une Cour d'assises qui siège en permanence. C'est l'œil de la vérité.

Le blanc de chaux est extrêmement moral. Admettez un décret prescrivant que toutes les chambres de Paris soient passées au lait de chaux. Je dis que ce serait une œuvre policière d'envergure et une manifestation de haute morale, signe d'un grand peuple.

Le lait de chaux est la richesse du pauvre et du riche, de tout le monde, comme le pain, le lait et l'eau sont la richesse de l'esclave et du roi.

Dans Précisions sur un état présent de l'architecture et de l'urbanisme, *Le Corbusier considère que le mobilier n'est qu'un ensemble d'outils, destinés, avec les moyens de production les plus modernes, aux diverses fonctions de l'homme.*

Qu'est-ce donc que le mobilier? […]

Le mobilier c'est :

des tables pour travailler et pour manger,

des chaises pour manger et pour travailler,

des fauteuils de diverses formes pour se reposer de diverses manières

et des *casiers* pour ranger les objets de notre usage.

Le mobilier, c'est des outils,

Et aussi des domestiques.

Le mobilier sert nos besoins.

Nos besoins sont quotidiens, réguliers, toujours les mêmes; oui, toujours les mêmes.

Nos meubles répondent à des *fonctions constantes, quotidiennes, régulières*.

Tous les hommes ont les mêmes besoins, aux mêmes heures, chaque jour, toute la vie.

Les outils répondant à ces fonctions sont faciles à définir. Et le progrès, nous apportant les techniques nouvelles, le tube d'acier, la tôle pliée, la soudure autogène, nous fournit des moyens de réalisation infiniment plus parfaits et plus efficaces qu'autrefois.

L'intérieur des maisons ne ressemblera plus à du Louis XIV.

Voilà l'aventure.

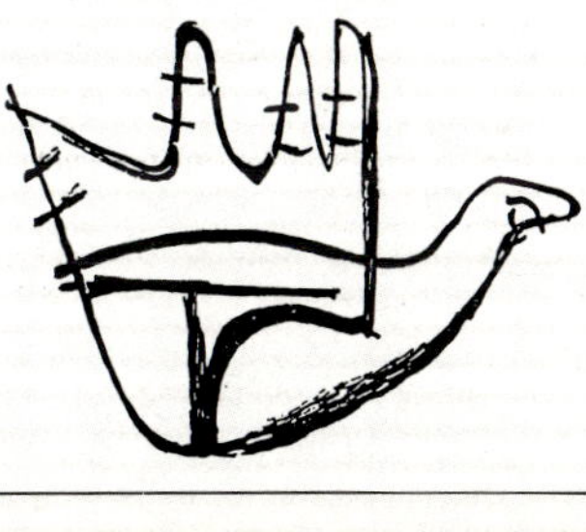

La synthèse des arts

Pour Le Corbusier, toute architecture dialogue avec l'espace alentour. «Sur l'Acropole, des temples ont ramassé autour d'eux le paysage désolé et l'ont assujetti à la composition.» De même, toute expression d'art plastique dialogue avec l'architecture dans laquelle elle s'inscrit. Architecture, peinture et sculpture communient dans une «synthèse des arts».

L'atelier de Le Corbusier, dans l'appartement de l'immeuble Molitor.

L'espace indicible

Prendre possession de l'espace est le geste premier des vivants, des hommes et des bêtes, des plantes et des nuages, manifestation fondamentale d'équilibre et de durée. La preuve première d'existence, c'est d'occuper l'espace.

La fleur, la plante, l'arbre, la montagne sont debout, vivant dans un milieu. S'ils attirent un jour l'attention par une attitude véritablement rassurante et souveraine, c'est qu'ils apparaissent détachés dans leur contenu mais provoquant des résonances tout autour. Nous nous arrêtons, sensibles à tant de liaison naturelle; et nous regardons, émus par tant de concordance orchestrant tant d'espace; et nous mesurons alors ce que nous regardons irradie.

L'architecture, la sculpture et la peinture sont spécifiquement dépendantes de l'espace, attachées à la nécessité de gérer l'espace, chacune par des moyens appropriés. Ce qui sera

dit ici d'essentiel, c'est que la clef de l'émotion esthétique est une fonction spatiale.

Action de l'œuvre (architecture, statue ou peinture) sur l'alentour : des ondes, des cris ou clameurs (le Parthénon sur l'Acropole d'Athènes), des traits jaillissant comme par un rayonnement, comme actionnés par un explosif; le site proche ou lointain en est secoué, affecté, dominé ou caressé. Réaction du milieu : les murs de la pièce, ses dimensions, la place avec les poids divers de ses façades, les étendues ou les pentes du paysage et jusqu'aux horizons nus de la plaine ou ceux crispés des montagnes, toute l'ambiance vient peser sur ce lieu où est une œuvre d'art, signe d'une volonté d'homme, lui impose ses profondeurs ou ses saillies, ses densités dures ou floues, ses violences ou ses douceurs. Un phénomène de concordance se présente, exact comme une mathématique – véritable manifestation d'acoustique plastique; il sera permis ainsi d'en appeler à l'un des ordres de phénomènes les plus subtils, porteur de joie (la musique) ou d'oppression (le tintamarre).

Sans la moindre prétention, je fais une déclaration relative à la «magnification» de l'espace que des artistes de ma génération ont abordée dans les élans si prodigieusement créateurs du cubisme, vers 1910. Ils ont parlé de *quatrième dimension*, avec plus ou moins d'intuition et de clairvoyance, peu importe. Une vie consacrée à l'art, et tout particulièrement à la recherche d'une harmonie, m'a permis, par la pratique des trois arts : architecture, sculpture et peinture, d'observer à mon tour le phénomène. […]

On découvre alors une vérité substantielle après le long circuit d'une sérieuse évolution qui nous a détachés des temps accomplis, celle de la synthèse aujourd'hui possible des arts majeurs : architecture, sculpture, peinture sous le règne de l'espace. Les perspectives «à l'italienne» n'y peuvent rien; c'est autre chose qui se passe. Cette chose, on l'a baptisée quatrième dimension, et pourquoi pas? puisqu'elle est subjective, de nature incontestable mais indéfinissable, pas euclidienne; découverte qui sabrera des affirmations hâtives et superficielles très à la mode, par exemple celle-ci : la peinture ne doit pas trouer le mur, la sculpture doit être attachée au sol…

Il n'y a pas, je crois, d'œuvre d'art sans profondeur insaisissable, sans arrachement à son point d'appui. L'art est science spatiale par excellence. Picasso, Braque, Léger, Brancusi, Laurens, Giacometti, Lipchitz, peintres ou sculpteurs, tous ensemble se sont dévoués à la même conquête.

On comprend maintenant quel mariage peuvent fêter les arts majeurs liés à l'architecture : unité aussi solidement maçonnée qu'un Cézanne.

Il y a dans l'air du temps des possibilités extraordinaires enivrantes, stimulantes, une rencontre de la Porte-Dorée des arts majeurs. L'un aidant l'autre, ils dissiperont les brouillards qui noient et les idées et les artistes, laissant sur leurs positions acquises (et non contestées) les métopes, les frontons, les tympans, les trumeaux de la tradition. L'alliance sera autre. L'urbanisme dispose, l'architecture façonne, la sculpture et la peinture adresseront les paroles de choix qui sont leur raison d'être.

Il est singulier d'observer que ce sont les événements qui sont en marche et que ce sont les hommes qui, ahuris, les regardent passer, oublient de prendre le coche et d'être à l'heure au rendez-vous.

Nature morte puriste, signée Charles-Edouard Jeanneret – qui ne s'appelle pas encore Le Corbusier – publiée dans la revue *L'Esprit nouveau.*

Le rendez-vous est aujourd'hui d'importance, dans un monde qui fait peau neuve, pour accueillir une société machiniste liquidant ses stocks de premier établissement et désireuse de se mettre dans ses meubles pour agir et pour sentir et pour régner.

«L'Espace indicible», in *Architecture d'aujourd'hui*, avril 1946

Le Corbusier, qui a dessiné toute sa vie, explique dans un texte de 1965, Dessins, *que son œuvre plastique a été le laboratoire secret de son architecture.*

Dessiner, c'est d'abord regarder avec ses yeux, observer, découvrir. Dessiner c'est apprendre à voir, à voir naître, croître, s'épanouir, mourir les choses et les gens. Il faut dessiner pour pousser à l'intérieur ce qui a été vu et demeurera alors inscrit pour la vie dans notre mémoire.

Dessiner, c'est aussi inventer et créer. Le phénomène inventif ne surviendra qu'après l'observation. Le crayon découvre, puis entre dans l'action pour vous conduire bien au-delà de ce que vous avez sous les yeux. La biologie intervient alors nécessairement car toute la vie est biologie. Il faut pénétrer au cœur même des choses par la recherche et l'exploration.

Le dessin est un langage, une science, un moyen d'expression, un moyen de transmission de pensée. Le dessin, en perpétuant l'image d'un objet, peut devenir un document contenant tous les éléments nécessaires pour pouvoir évoquer l'objet dessiné, celui-ci ayant disparu.

Le dessin permet de transmettre intégralement la pensée sans le concours d'explications écrites ou verbales. Il aide la pensée à se cristalliser, à prendre corps, à se développer. Pour l'artiste, le dessin est la seule possibilité de se livrer sans contrainte aux recherches du goût, aux expressions de la beauté et de l'émotion. Le dessin est pour un artiste le moyen par lequel il cherche, il scrute, note et classe, le moyen de se servir de ce qu'il désire observer, comprendre puis traduire et exprimer.

Le dessin peut se passer d'art. Il peut n'avoir rien à faire avec lui. L'Art, par contre, ne peut s'exprimer sans le dessin.

Le dessin, c'est aussi un jeu. On me dit que le secret de la sagesse est de savoir prendre des loisirs. D'accord. Je suis en état de loisir permanent. Jouer toute la journée, aux cartes, au rugby, aux Indiens, au soldat... Les gosses et les hommes y mettent la totalité de leur sérieux. Moi aussi : je dessine depuis toujours. Paysages, architectures, verres et bouteilles de bistrot, vessies pour lanternes, coquillages, pierres, os de boucherie, galets, petites femmes, bestiaire, telles sont les étapes, les clefs...

En art, c'est le thème qui peut être ou demeurer secret, ou ne se révéler qu'à celui qui aura cherché, découvert, inventé la piste, ou une piste... la sienne ou celle même de l'artiste. La sienne est admissible. Les choses sont relatives (la perception humaine est fonction de la personne).

Au bord de la Méditerranée, à mon cabanon de Cap-Martin, j'ai sous les yeux, un soir après dîner, Vincent l'accordéoniste. Il joue pour une dame pleine de style. Derrière eux, la balustrade, la mer et ces rochers si beaux. La lune même. Bref, de quoi baver! Un thème, ce thème, l'heure favorable, la minute des accords résolus, etc. Tout cela est bel et bon, dangereux et ennemi de l'art. Tout cela doit, en vérité, s'enfoncer derrière ou sous la résultante. La résultante avait été de déclencher des accords et de les résoudre. Mais on ne vous le demande pas. Ne le criez pas sur les toits, ne mettez pas une étiquette informatrice. Taisez-vous. Travaillez. Faites votre œuvre (votre tableau). C'est au peintre qu'on dit cela. [...]

A 77 ans, étant désormais un architecte pris en considération, on me demande de fournir une explication : comment sans enseignement ni préparation ai-je su créer une émotion moderne de nature architecturale? Derrière les conclusions très arbitraires des spectateurs il se passe chez tout homme donné des événements essentiels que des circonstances peuvent avoir conduit à ne pas le crier sur les toits. En l'occurrence, entré dans l'action en 1918, j'ai commencé par une formulation de principes, c'est-à-dire que je partais du pied gauche dans une direction discernée à l'âge de 30 ans. Immédiatement l'orage éclate. En 1923, assailli de propos discourtois mais occupé en partie à une activité d'architecture et d'urbanisme, en doctrine et en pratique je cessai délibérément d'exister publiquement en tant que peintre, sans pour cela arrêter de me consacrer tout autant à la peinture.

Ce furent trente années de silence, 1923-1953.

En 1948 j'écrivais : «Je pense que si l'on accorde quelque chose à mon œuvre d'architecte (je rectifie ainsi aujourd'hui : Je pense que si l'on a pu accorder quelque attention à mon œuvre d'architecte et d'urbaniste), c'est à ce labeur secret qu'il faut en attribuer la vertu profonde.»

L'Unité d'habitation de Marseille

La conception révolutionnaire de l'Unité d'habitation de Marseille, la durée du chantier, les difficultés rencontrées, les atermoiements périodiques de l'administration et les déclarations provocatrices de Le Corbusier lui-même ont alimenté, durant les sept années de la réalisation du projet, force débats passionnés.

Les pilotis de l'Unité d'habitation dégagent complètement le sol en l'ombrageant.

Dans La Journée du bâtiment, *un architecte estime que la profession devrait trancher elle-même la question de savoir si la «Maison radieuse» est ou non une erreur.*

A propos de la «Maison radieuse». [...] Que Le Corbusier ait tenté en architecture une démonstration en «pointe» comme nous nous plaisons à en éjecter en atelier en prévoyant par exemple la maison tournante ou la maison champignon ou autre démonstration fantaisiste, rien de surprenant à cela. Je prendrais alors même, contre tous mes confrères, son parti en disant qu'il m'est justement sympathique d'avoir des idées... Entre ces démonstrations, que nous pourrions trouver regrettables, et l'immobilisme de certains «mandarins», je donne à Le Corbusier ma préférence. Mais cela ne m'empêchera pas – je pense – de me tourner immédiatement vers mon confrère et de lui dire : «Il est des choses qui ne se font pas.» Tout n'est pas possible et l'homme n'est pas, dans sa nature, transformable.

Ce qui est beaucoup plus grave, à mon sens, ce n'est pas que Le Corbusier ait enfanté un monstre – de l'avis de certains – c'est que ce monstre, si tel est le cas, soit livré au domaine public. Cet état de fait est d'autant plus grave qu'il prouve que dans notre cité «mabouliste» il n'existe plus de soupape de sûreté... Cet état de fait devient inquiétant dès le moment où l'on sait que certains pays de l'Amérique latine considèrent Le Corbusier comme le reflet de l'architecture moderne française. [...]

Faisons notre examen de conscience et reconnaissons que nous sommes tous responsables des errements de l'un de nous. La profession d'architecte, maintenant réglementée, est artistiquement le reflet de notre anarchie mentale. […] Il convient de constituer un comité artistique composé d'artistes, d'hommes de goût, d'esprits pratiques et modernes et de dire si, oui ou non, sur le plan national, la Maison Radieuse doit ou non être considérée comme une erreur.

R. Rouzeau, in *La Journée du bâtiment*, 25-26 janvier 1948

La revue Arts, *par contre, souligne les qualités de réussite architecturale et sociale de l'Unité d'habitation.*

Il faut avoir vu un tel chantier pour pouvoir en parler avec discernement. L'occasion de le visiter vient d'être offerte à quelques privilégiés par le ministre de la Reconstruction, qui a le souci de donner à cette expérience toute la portée qu'elle mérite. L'unité d'habitation de Le Corbusier, à Marseille, n'est pas présentée comme expérience unique, mais comme celle qui apporte la plus grande *somme* d'expériences : de construction, de plastique, d'utilisation différente de la surface, d'ensoleillement, de climatisation, d'habitabilité. […].

La construction est haute, cependant ce n'est point là une grande muraille. Cette façade de 135 mètres de long sur 52 mètres de hauteur apparaît légère, avec ses rayures horizontales. Très vite, on se rend compte que les pilotis de six mètres sur lesquels elle repose lui sont aussi utiles du point de vue plastique que les pieds le sont à certains meubles : ces pilotis ont un avantage moral et esthétique, ils libèrent le sol et font que le piéton ne reçoit pas brutalement la façade. Le grand vaisseau semble aérien et, entre chaque pilotis, le paysage se découpe en tableaux.

L'unité d'habitation a maintenant son gros œuvre terminé. Néanmoins la carcasse de béton armé, le *casier à bouteilles*, comme l'appelle Le Corbusier, et il n'est point de comparaison mieux imagée, sera habitable dans un an seulement. Alors, près de 400 logements occuperont les cases, rangés comme des bouteilles, dans l'immense armature. […]

Tous ceux qui ont vu l'unité d'habitation et qui sont capables d'admettre qu'on peut construire autrement qu'avec des colonnes, reconnaissent une indubitable réussite architecturale. Mais il n'y a pas seulement une question d'architecture à considérer. C'est l'expérience d'une vie nouvelle qui est offerte à l'homme. Il faut l'aller voir.

S. Gille-Delafon, in *Arts*, 9 décembre 1949

Le Parisien libéré *rend compte du procès intenté par la Société pour l'esthétique de la France, présidée par M. Texier, conseiller d'Etat, pour faire arrêter la construction.*

Défenseur de l'esthétique en France, M. Texier, conseiller d'Etat, s'attaque à la «Cité radieuse» où les Marseillais commencent de s'installer.

La «Cité radieuse», qui a déjà coûté quelque chose comme 3 milliards, risque peut-être de causer au groupe de M. Le Corbusier, son créateur, une petite dépense supplémentaire de 20 millions.

C'est le montant des dommages-intérêts que réclame M. Henri Texier, président de la «Société pour l'esthétique générale de la France». […]

Qu'en est-il? Il paraît que M. Texier, conseiller d'Etat par ailleurs, a eu sa vie meurtrie par l'énorme building qui a été érigé par M. Le Corbusier au boulevard Michelet. La conception nouvelle qui a présidé à ce groupe d'habitations – avec

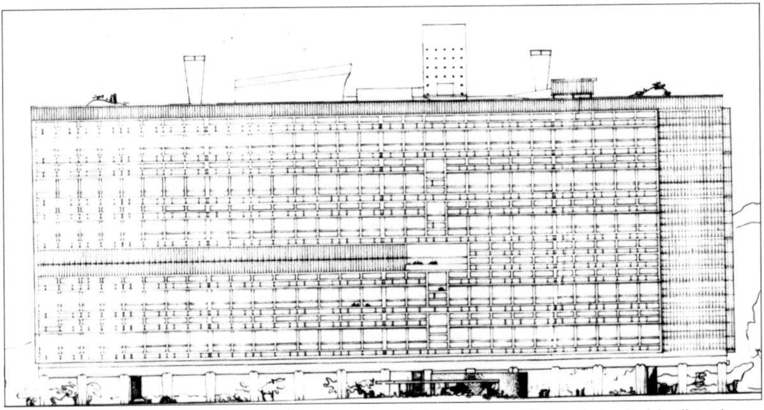

ses 321 appartements, ses magasins particuliers, sa piscine, son terrain de sports et sa crèche, ses dix-huit avenues intérieures (qui desservent chacune un étage) – ne le préoccupe pas tant que la laideur toute étrangère du «monstre».

L'opinion des premiers occupants, qui se déclarent enchantés depuis qu'ils ont compris le «mode d'emploi», notamment de la cuisine intégrée à la salle commune, n'intéresse pas le demandeur : seul son sens de l'esthétique – dont il s'est confié la défense en France – a été blessé en M. Henri Texier. [...]

Mais derrière les préoccupations artistiques de M. Texier se profilent des intérêts autrement matériels, ceux des architectes dont les projets ne furent pas retenus par M. Claudius-Petit et qui, n'ayant pu éviter l'édification de la «Cité radieuse», espèrent tout au moins que ce précédent fâcheux ne se renouvellera pas, spécialement à Nantes, comme il en est déjà question.

Le Parisien libéré, 25 août 1952

Lors de l'inauguration, le 14 octobre 1952, sur le toit-terrasse de l'Unité, Le Corbusier, brisé d'émotion, parvient difficilement à prononcer un bref discours.

J'ai l'honneur, j'ai la joie, j'ai la fierté, de vous remettre l'unité d'habitation de grandeur conforme, première manifestation au monde d'une forme de l'habitat moderne, commandée par l'Etat français, libre de toute réglementation. [...] L'œuvre est là [...], érigée, sans règlement, contre les règlements désastreux, faite pour des hommes, faite à l'échelle humaine, faite aussi dans la robusté des techniques modernes et manifestant la splendeur nouvelle du béton brut, faite enfin pour mettre les ressources sensationnelles de l'époque au service du foyer, cette cellule fondamentale de la société.

Eugène Claudius-Petit, ministre de la Reconstruction, fervent partisan de Le Corbusier, proclame son admiration pour l'œuvre de l'architecte auquel il remet alors les insignes de commandeur dans l'ordre de la Légion d'honneur.

Je ne veux pas cacher mon émotion qui suit d'ailleurs celle que Le Corbusier a manifesté devant ses amis, ses collaborateurs, ceux qui l'ont suivi, qui l'ont aidé au moment même où nous inaugurons, ou plus exactement nous constatons la présence de cette unité d'habitation qui a tant fait parler d'elle, autour de laquelle les hommes ont tant discuté, qui a tant agité de passions, mais qui finalement, précisément peut-être à cause de cela, n'est indifférente à personne. [...] Aujourd'hui, il faut laisser de côté toutes les petitesses des hommes, toutes les mesquineries, toutes les incompréhensions. [...]

L'unité d'habitation, qu'est-elle donc? Elle est au milieu de tout ce qui a été construit, en France, 320 logements sur 249.000 qui ont été construits depuis la Libération. Cela remet à leur place les critiques extraordinaires sur l'argent gaspillé à faire toute sorte de choses et surtout les fantaisies de l'architecte Le Corbusier. Mais ces 320 logements ont de l'importance. C'est, au milieu de toute une série d'immeubles expérimentaux que l'Etat a lancés dans les années qui ont suivi la Libération, c'est vraisemblablement la seule qui mérite pleinement et totalement son nom d'expérience. Tout y est expérience : la conception de l'immeuble en lui-même, la conception du logement, l'équipement du logement et j'allais presque dire, jusqu'à la manière d'habiter. Et ce qui est peut-être le plus surprenant, c'est de comprendre combien toutes les critiques qui ont été adressées en réalité montent en épingle le contraire de ce qui est la réalité et qui se peut constater. On dit caverne, c'est beaucoup plus une chartreuse. Il n'y a pas de bruits, il n'y aura pas de bruits, il y aura l'intimité des foyers, totalement accordée aux habitants de cette cité.

On a dit promiscuité étrange, jamais les enfants n'ont tant été séparés des parents; on a dit petits coins où les enfants s'ennuieront, ils ont une terrasse qui, vraiment, fera de ces enfants des enfants heureux au milieu de tous les autres enfants qui n'ont vraiment qu'une cuisine surchauffée de vapeur comme espace vital pendant les longues soirées d'hiver, et seulement un coin de trottoir ou la cour d'une maison de quatre ou de six étages pendant les journées de printemps et de l'automne et, parfois trop souvent hélas, de l'été.

On a dit obscurité, ces appartements sont baignés de lumière; on a dit inconfort, il faut les avoir visités l'été, il faut même les avoir habités ne serait-ce qu'un temps l'été lorsque tout Marseille a les volets clos pour tenter de s'abriter des rayons trop chauds du soleil et où, dans cette maison, la lumière pénètre à plein dans une atmosphère meilleure parce que l'orientation même de la maison a joué son rôle, retrouvant par là même la grande tradition des Grecs.

Peu de temps après l'inauguration, Eugène Claudius-Petit adresse à la mère de Le Corbusier, alors âgée de 92 ans, une lettre dans laquelle il lui exprime toute la qualité de l'œuvre de son fils.

Nous rentrons de Marseille, c'est-à-dire du seul endroit qui présentement compte à Marseille, la maison de votre fils.

Si vous avez pu craindre pour son œuvre, soyez pleinement rassurée. C'est bien. C'est mieux que ce que prévoyaient les amis. Il était sûr de lui; il avait raison. Que les détracteurs se mordent les doigts! qu'ils fassent oraison, qu'ils se cachent. A moins qu'ils n'embouchent la grande trompette des convertis.

C'est un logis convenable aux hommes du milieu du XXe siècle, et ce n'est pas facile. Il est de son temps et assez seul de son espèce, c'est un logis où il fera bon vivre.

Le Corbusier était heureux. Je peux bien vous dire qu'il était très ému, et ses amis aussi.

Une pensée politique? Le Corbusier attaqué puis reconnu

S'il ne cesse de défendre une certaine conception de la Cité, Le Corbusier n'a pas d'engagement politique. Mais, architecte et urbaniste, il cherche souvent, afin de concrétiser ses idées, à approcher ce qu'il appelait l'«Autorité». Son manque de diplomatie et l'éclectisme de ses tentatives permettront à certains de l'accuser de tous les excès des extrémismes politiques de l'époque. Quant au gouvernement français, il ne reconnaîtra le génie de l'architecte que trop tardivement pour lui permettre de réaliser un ensemble d'importance nationale.

Dans l'ouvrage Art et technique *(1956), Pierre Francastel reconnaît l'influence de Le Corbusier et son indépendance politique, mais il qualifie son univers construit de concentrationnaire.*

L'influence exercée de nos jours par Le Corbusier – ce théoricien, cet artiste, dont on ne parviendra jamais, je crois, à dire à la fois assez de mal et assez de bien, du moins dans notre génération – est immense. […]

On en est même déjà venu à se demander si, aujourd'hui, les thèses de Le Corbusier ne risquent pas de paraître comme le manuel d'un académisme. […]

Le Corbusier est un homme d'ordre. Cet ordre, il le conçoit aussi bien en ce qui concerne la logique intérieure d'un système monumental que lorsqu'il s'agit de la discipline sociale. Je tiens à dire que Le Corbusier a fait preuve de la plus grande dignité à l'époque où les partisans d'un «ordre nouveau» occupaient la France. […] On ne doit donc pas oublier que, quelle que puisse être la vivacité de certaines critiques, elles laissent intacts la loyauté, l'honneur de l'homme.

L'univers de Le Corbusier c'est l'univers concentrationnaire. C'est, au mieux, le ghetto. Je répète qu'il n'est pas question de faire de Le Corbusier le propagandiste de l'ordre de Pétain et de Hitler, les hommes aux mains ou aux manches souillées de taches de boue et de gouttes de sang. Mais il est révélateur du mal qui ronge notre époque que ce monstrueux ordre nouveau soit la version pervertie d'une idéologie qui, en elle-même, me paraît infiniment dangereuse pour l'avenir de l'homme.

L'un des autoportraits dessinés par Le Corbusier.

Louis Hautecœur, dans son livre De l'architecture *(1938), rapproche l'esthétique de Le Corbusier et les théories «socialo-communistes».*

Tout un groupe d'architectes théoriciens modernes semble fonder son esthétique sur les besoins sociaux. Il existe une corrélation entre les théories socialo-communistes et certaines de ces thèses esthétiques, entre le matérialisme historique et le fonctionnalisme. […] Pour M. Le Corbusier l'architecture est le moyen de satisfaire un ensemble de besoins. Certes, M. Le Corbusier sait que cette définition ne saurait épuiser l'idée d'architecture et il émet dans ses ouvrages des thèses classiques sur la beauté des proportions géométriques. […] M. Alex de Senger, dans un manifeste fort violent […], prête même à M. Le Corbusier des théories comme celles-ci : l'individu doit disparaître de la société bolchevique; l'homme n'est plus qu'un élément standard d'une vaste organisation, l'œuvre architecturale doit être faite, elle aussi, d'éléments standards. Plus de style locaux ou nationaux, l'architecture doit être cosmopolite, comme l'esprit révolutionnaire.

Alexandre de Senger, un architecte suisse, dans le journal Travaux nord-africains *(4 juin 1942) accuse sans détour Le Corbusier de collusion avec la «haute finance» pour détruire Paris et créer un nouveau prolétariat asservi.*

Le Corbusier ne se gêne nullement en faisant appel à la haute finance : il fait savoir que la destruction de Paris et de toutes les villes produirait une affaire magnifique pour l'industrie du béton, et pour les banques finançant les industriels de constructions nouvelles.

La réalisation de la construction nouvelle détruit tous les corps de métiers, et produit de nouvelles masses prolétaires. C'est ainsi que l'armée de non-bolchevistes est réduite et l'armée des bolchevistes agrandie. La construction nouvelle détruit la culture plastique, la peinture et la sculpture. Elle désanime l'homme et le réduit à l'animal géométrique. Elle ouvre aussi au capital international des débouchés énormes et agrandit d'une façon gigantesque son omnipotence. L'on peut voir distinctement le développement en Russie où tout aboutit à la dictature d'un capitalisme d'Etat. […]

Nous sommes témoins d'une immense razzia faite par le capital anonyme avec l'aide et le secours du bolchevisme.

Cette entreprise gigantesque est organisée sous le nom de l'Association internationale pour la construction nouvelle […], dirigée par un Juif nommé Siegfried Gedeon [*sic*], etc.

Henri Focillon, dans une lettre qu'il adresse à Le Corbusier après la publication de La Ville radieuse *(1935), lui dit son admiration et qu'il voit en lui un nouveau saint-simonien.*

La *Cité radieuse* est sous ma main droite depuis que je suis rentré à Paris, et j'y chemine, habitant futur, pour oublier les logis de plâtre et de lainage au creux desquels il nous faut imaginer et construire. Je vous remercie et je vous félicite de nous aider ainsi à nous définir et, dressant les proportions formidables et possibles d'une ville pour la joie et la lumière, de profiler aussi rigoureusement l'homme de demain. Vous êtes de ces hommes rares qui ne renoncent à rien d'eux-mêmes, et de la trempe de ces étonnants Saint-Simoniens qui furent, non des rêveurs, mais en canaux, en villes et en chemins de fer, les outilleurs du dernier siècle, comme on commence à l'entrevoir. En même temps que votre admirable ville, dédiée au soleil et à la raison, vous nous donnez les mémoires d'un esprit, et le plus étonnant recueil documentaire sur la biologie d'une société, avec un choix de phénomènes qui, à présent, rendrait précieux cet ouvrage auquel je donne le nom d'Atlas, puisqu'il porte la riche promesse d'un monde. [...] Je salue avec amitié votre grand livre, qui n'est pas le songe d'un poète, mais une collection de données positives.

Le 1er septembre 1965, dans la cour Carrée du Louvre, André Malraux, ministre des Affaires culturelles, proclame aux obsèques nationales de l'architecte le génie de Le Corbusier.

Au moment où le gouvernement décidait de rendre à Le Corbusier l'hommage solennel de la France, il recevait le télégramme suivant : «Les architectes grecs, avec une profonde tristesse, décident de déléguer leur président aux obsèques de Le Corbusier pour déposer sur sa tombe de la terre de l'Acropole.»

Et hier : «L'Inde, où se trouvent plusieurs des chefs-d'œuvre de Le Corbusier et la capitale qu'il a construite : Chandigarh, viendra verser sur ses cendres l'eau du Gange en suprême hommage.»

Voici donc l'éternelle revanche. [...] Le Corbusier a connu de grands rivaux, dont quelques-uns nous font l'honneur d'être présents, et les autres sont morts. Mais aucun n'a signifié avec une telle force la révolution de l'architecture, parce qu'aucun n'a été si longtemps, si patiemment, insulté.

La gloire trouve à travers l'outrage son suprême éclat, et cette gloire-là s'adressait à une œuvre plus qu'à une personne qui s'y prêtait peu. Après avoir pendant tant d'années pris pour atelier le large couloir d'un couvent désaffecté, l'homme qui avait conçu des capitales est mort dans une cabane solitaire. [...]

Il avait été peintre, sculpteur, et, plus secrètement, poète. Il ne s'était battu ni pour la peinture ni pour la sculpture ni pour la poésie : il ne s'est battu que pour l'architecture. [...]

Sa phrase fameuse : «Une maison est une machine à habiter» ne le peint pas du tout. Ce qui le peint c'est : «La maison doit être l'écrin de la vie.» La machine à bonheur. Il a toujours rêvé de villes, et les projets de ces «Cités radieuses» sont des tours surgies d'immenses jardins. Cet agnostique a construit l'église et le couvent les plus saisissants du siècle. [...]

Cette noblesse parfois involontaire s'accommodait fort bien de théories souvent prophétiques et presque toujours agressives, d'une logique enragée, qui font partie des ferments du siècle. Toute théorie est condamnée au chef-d'œuvre ou à l'oubli. Mais celles-là ont apporté aux architectes la grandiose responsabilité qui est aujourd'hui la leur, la conquête des suggestions de la terre par l'esprit. Le Corbusier a changé l'architecture – et l'architecte. C'est pourquoi il fut l'un des premiers inspirateurs de ce temps. [...] Le Corbusier était avant tout l'artiste qui avait dit en 1920 : «L'architecture est le jeu savant, correct et magnifique des formes assemblées dans la lumière», et, plus tard : «Puissent nos bétons si rudes révéler que, sous eux, nos sensibilités sont fines...» Il inventait, au nom de la fonction comme au nom de la logique, des formes admirablement arbitraires. [...]

Ce ne sont pas ses théories qui ont rendu manifeste la grande et profonde

André Malraux, celui qui rend hommage à l'homme et à l'architecte.

parenté des formes de l'architecture : ce sont ses œuvres. [...]

Voici le message d'Aalto, qui a transformé la Finlande, celui de l'Angleterre qui dit : «Il n'est pas un architecte de moins de soixante ans qui n'ait été influencé par lui». Voici celui des Soviétiques : «L'architecture moderne a perdu son plus grand maître.». [...]

Voici la voix du Président des Etats-Unis : «Son influence était universelle et ses travaux sont chargés d'une pérennité qu'ont atteinte peu d'artistes de notre histoire...» [...]

Adieu, mon vieux maître et mon vieil ami. Bonne nuit...

Voici l'eau sacrée du Gange et la terre de l'Acropole.

Les architectes les plus célèbres du monde entier expriment à la disparition de Le Corbusier l'importance de son œuvre pour l'avenir de l'architecture.

Il est difficile de déceler toutes les implications de ses œuvres. Au moment où il a disparu, au-delà du rappel de notre champ limité de vision, le choc et le poids de sa grande personnalité noble vient à ma conscience en un éclair. Que c'est tragique qu'il n'ait pu vivre pour exploiter ses potentialités incalculables.

[...] L'équilibre de sa vie, une abondance féconde d'architecture, de poésie, d'invention caractérise l'œuvre et la vie de cet homme universel. Il a créé une nouvelle échelle de valeurs, assez étendue pour enrichir les générations à venir.

Walter Gropius, 10 septembre 1965

Tout le monde reconnaît maintenant Le Corbusier comme un grand architecte et un grand artiste, un véritable novateur.

[...] Pour moi, sa signification la plus profonde réside dans le fait qu'il était un vrai libérateur dans les domaines de l'architecture et de l'urbanisme.

Mies Van der Rohe, 7 septembre 1965

Une fois remis de la stupeur de la nouvelle écrasante de la mort de Le Corbusier, inévitablement on réfléchit à l'œuvre de sa vie. En effet, il est difficile de décider dans quel domaine cet homme, immensément créateur et fertile, surpassait le plus; comme artiste, comme pionnier d'une nouvelle architecture ou comme influence stimulatrice sur les générations plus jeunes. Notre Corbu, si travailleur, si plein de vitalité est mort, mais il ne s'est pas encore arrêté (son œuvre continue).

Marcel Breuer, 20 septembre 1965

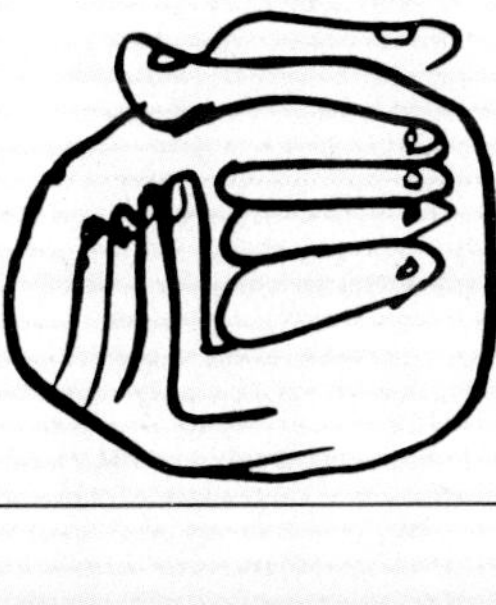

Mise au point

Le Corbusier n'a guère cessé, dans ses écrits, de poursuivre une réflexion sur son propre parcours. En juillet 1965, à 77 ans, quelques semaines seulement avant sa mort, dans le petit livre Mise au point, *il se livre une dernière fois.*

Rien n'est transmissible que la pensée. Au cours des ans, l'homme acquiert petit à petit par ses luttes, son travail, ses efforts sur lui-même, un certain capital, conquête individuelle et personnelle. Mais toute la recherche passionnée de l'individu, tout ce capital, cette expérience durement payés disparaîtront. Loi de la vie : la mort. La nature clôt toute activité par la mort. Seule la pensée, fruit du travail, est transmissible. Les jours s'écoulent, au courant des jours, au cours de la vie… […]

Dès ma jeunesse j'ai eu le sec contact avec le poids des choses. La lourdeur des matériaux et la résistance des matériaux. Puis les hommes : les qualités diverses des hommes et la résistance des hommes et la résistance aux hommes. Ma vie fut de vivre en leur compagnie. Et de proposer au poids des matériaux des solutions téméraires… mais ça a tenu! Et de savoir que les hommes sont tels ou tels. De m'en étonner parfois et encore aujourd'hui d'en être stupéfié parfois. Mais de le reconnaître, de l'admettre, l'ayant vu, le voyant… Et de jouer mon humble partie à travers les vents et les soleils. […]

J'ai 77 ans et ma morale peut se résumer à ceci : dans la vie il faut faire. C'est-à-dire agir dans la modestie, l'exactitude, la précision. La seule atmosphère pour une création artistique c'est la régularité, la modestie, la continuité, la persévérance.

J'ai déjà écrit quelque part que la constance est définition de la vie, car la constance est naturelle et productive. Pour être constant il faut être modeste, il faut être persévérant. C'est un témoignage de courage, de force intérieure, une qualification de la nature de l'existence. […]

Je suis un âne mais qui a l'œil. Il s'agit

de l'œil d'un âne qui a des capacités de sensations. Je suis un âne ayant l'instinct de la proportion. Je suis et demeure un visuel impénitent. C'est beau quand c'est beau… […]

Depuis ma première maison construite à 17 ans et demi, j'ai poursuivi mes travaux parmi les aventures, les difficultés, les catastrophes et de temps à autre le succès. Maintenant, à 77 ans, mon nom est connu dans le monde entier. Mes recherches, mes idées semblent être partagées quelquefois, mais les obstacles sont toujours présents comme les obstructeurs. Ma réponse? J'ai toujours été actif et agissant et je le demeure. Ma recherche a toujours été dirigée vers la poésie qui est dans le cœur de l'homme. Homme visuel, travaillant avec ses yeux et ses mains, je suis animé par des manifestations tout d'abord plastiques. Tout est dans tout : cohésion, cohérence, unité. Architecture et urbanisme conjugués : un seul problème, réclamant une seule profession.

Je ne suis pas un révolutionnaire, je suis un type timide, qui ne se mêle pas de ce qui ne le regarde pas, mais les éléments sont révolutionnaires, les événements le sont, et il faut considérer ces choses avec sang-froid, avec la vue à distance. […]

Hors des bruits et des foules, dans ma tanière (car je suis un méditatif, je me suis même comparé à un âne, par conviction), depuis cinquante années j'étudie le «bonhomme homme» et sa femme et ses gosses. Une préoccupation m'a agité, impérativement : introduire dans le foyer le sens du sacré; faire du foyer le temple de la famille. Dès ce moment, tout devenait autre. Un centimètre cube de logis valait de l'or, représentait du bonheur possible. Avec une telle notion de la dimension et de la destination, vous pouvez faire aujourd'hui un temple à la mesure de la famille, en dehors des cathédrales elles-mêmes qui furent bâties… autrefois; vous pouvez le faire par ce que vous y mettrez de vous-même. […]

La tâche est de s'occuper de lieux et de locaux. C'est la tâche des «constructeurs». Et les «constructeurs» sont précisément la nouvelle profession qui doit lier en un dialogue inlassable et fraternel l'ingénieur et l'architecte, cette main gauche et cette main droite de l'art de bâtir.

Le logis dans cette conjoncture n'avait eu aucune chance de devenir le temple de la famille. On fit la boîte à loyers et on gagna sa vie avec la boîte à loyers. La notion d'architecture fut bancale, car elle n'obéit pas à une définition juste, c'est-à-dire créer les lieux et les locaux pour l'habitation, le travail et les loisirs en plaçant ceux-ci dans les «conditions de nature», c'est-à-dire sous l'injonction péremptoire du soleil qui est notre maître irrécusable, puisque le jour et la nuit sont l'alternance qui dictera à jamais l'enchaînement valable de nos actes. […]

Il faut retrouver l'homme. Il faut retrouver la ligne droite épousant l'axe des lois fondamentales : biologie, nature, cosmos. Ligne droite infléchissable comme l'horizon de la mer. […]

Tout cela se passe dedans la tête, se formule et s'embryonne petit à petit au cours d'une vie fuyante comme un vertige, dont on arrivera au terme sans même s'en rendre compte.

Paris, juillet 1965

Le Corbusier

LA FONDATION LE CORBUSIER

Créée en 1968, conformément à la volonté de l'architecte, la Fondation Le Corbusier est installée dans les villas Jeanneret et La Roche. Elle est reconnue d'utilité publique.

Légataire universel de Le Corbusier, la Fondation détient et assume, au plan moral et au plan patrimonial, l'ensemble des droits et des devoirs liés à l'œuvre architecturale, plastique et littéraire de l'architecte.

Elle conserve la plus grande partie des archives de Le Corbusier : dessins, études, plans, archives écrites et photographiques. Elle possède en outre, dans des techniques diverses, de nombreux éléments de son œuvre plastique – dessins, peintures, cartons de tapisseries, papiers collés, gravures – ainsi que la plupart des sculptures qu'il a exécutées avec Joseph Savina. Elle a également hérité de la bibliothèque personnelle de l'architecte. La Fondation assure la conservation de ce patrimoine.

Elle gère aussi une bibliothèque consacrée à Le Corbusier et à son œuvre. Elle est accessible à tous les amateurs, étudiants, architectes, historiens et chercheurs. Elle accueille les visiteurs de la villa La Roche.

La Fondation organise des expositions, rencontres et colloques. Elle apporte son concours à l'organisation de certaines manifestations, notamment par le prêt d'œuvres. Elle conseille, lorsqu'ils le souhaitent, les propriétaires de bâtiments construits par Le Corbusier pour la conservation ou la remise en état de ceux-ci.

Elle entretient des relations étroites avec tous les organismes français ou étrangers qui s'intéressent à l'œuvre de Le Corbusier. Elle est en contact permanent avec les administrations qui ont à connaître les problèmes de l'architecture moderne et de la conservation du patrimoine.

L'ŒUVRE ARCHITECTURALE CONSTRUITE

En France
Paris

- *Maison du peuple* (1926). 29, rue des Cordelières (XIIIe).
- *Villa Planeix* (1924-1927). 24bis, boulevard Massena (XIIIe).
- *Cité du refuge de l'Armée du salut* (1929-1933). 12, rue Cantagrel (XIIIe).
- *Atelier Ozenfant* (1923-1924). 53, avenue Reille (XIVe).
- *Pavillon Suisse* (1929-1933). Cité universitaire, 7, boulevard Jourdan (XIVe).
- *Pavillon du Brésil* (1957-1959, avec L. Costa). Cité universitaire, 7, boulevard Jourdan (XIVe).
- *Villas La Roche et Jeanneret* (1923-1925). 8-10, square du Docteur-Blanche (XVIe).
- *Immeuble* (1933-1935). 24, rue Nungesser-et-Coli (XVIe).

Dans la région parisienne

Boulogne-sur-Seine
- *Villa Lipchitz* (1924-1925). 9, allée des Pins.
- *Villa Ternisien* (1923-1926). 5, allée des Pins.
- *Villa Miestchaninoff* (1923-1926). 7, rue des Arts.
- *Villa Cook* (1926-1927). 6, rue Denfert-Rochereau.

La Celle-Saint-Cloud
- *Maison de week-end Henfel* (1935). 49, avenue du Chesnay.

Neuilly-sur-Seine
- *Maisons Jaoul* (1951-1955). 81bis, rue de Longchamp.

Poissy
- *Villa Savoye* (1929-1931). 82, chemin de Villiers.

Vaucresson
- *Villa Besnus* (1923). 85, boulevard de la République.
- *Villa Stein* «Les Terrasses» (1927-1928). 17, rue du Professeur-Victor-Pauchet.

Hors de la région parisienne

Bordeaux-Pessac
- *Quartier Frugès* (1924-1927). Avenue Henri-Frugès.

Briey-en-Forêt
- *Unité d'habitation* (1956-1963), rue du Dr-Giry.

Eveux-sur-l'Arbresle (20 km de Lyon)
- *Couvent de La Tourette* (1953-1960).

Firminy (12 km de Saint-Etienne)
- *Maison de la Culture* (1955-1965), *Stade* (1955-1968), *Unité d'habitation* (1959-1967).

La Palmyre (Les Mathes, 20 km de Royan)
- *Villa Le Sextant* (1935).

Marseille

- *Unité d'habitation* (1945-1952). 280, boulevard Michelet.

Mulhouse (à 12 km)

- *Ecluse de Kembs Niffer*, sur le canal du Rhône au Rhin (1960-1962).

Podensac (35 km de Bordeaux)

- *Château d'eau* (1917).

Le Pradet (7 km de Toulon)

- *Villa de Mandrot* (1930-1931).

Rézé-les-Nantes

- *Unité d'habitation* (1948-1955), boulevard Le Corbusier.

Ronchamp (20 km de Belfort)

- *Chapelle Notre-Dame-du-Haut* (1950-1955).

Roquebrune-Cap-Martin

- *Cabanon Le Corbusier* (1951-1952).
- *Tombe de Le Corbusier et de sa femme Yvonne* (1957), cimetière.

Saint-Dié

- *Usine Duval* (1947-1951). 88, avenue de Robache.

A travers le monde...

Allemagne

Charlottenbourg, Berlin

- *Unité d'habitation* (1956-1958), Heilsberger Dreieck 143.

Stuttgart

- *Deux maisons de la Cité du Weissenhof* (1927).

Argentine

La Plata

- *Villa Curutchet* (1949). 320 Bd 53.

Belgique

Anvers

- *Maison Guiette* (1926-1927). 32, avenue des Peupliers.

Brésil

Rio de Janeiro

- *Ministère de l'Education nationale* (1936, avec O. Niemeyer et L. Costa).

Etats-Unis

Cambridge (Mass.)

- *Carpenter Center* (1960-1963). Quincy St. 24, Harvard University.

Inde

Chandigarh (Pendjab)

- *Plan d'urbanisme* (1952-1963), *Palais de la Haute Cour* (1955), *Palais du Secrétariat* (1958), *Palais de l'Assemblée* (1962), *Ecole d'Art et d'Architecture* (1964-1969), *Musée* (1964-1968).

Ahmedabad (Gujarat)

- *Palais des Filateurs* (1954), *Villa Sarabhai* (1956), *Villa Shodan* (1956), *Musée* (1958).

Japon

Tokyo

- *Musée de l'Art occidental* (1959).

Suisse

La Chaux-de-Fonds

- *Villa Fallet* (1905-1907). 1, chemin de Pouillerel.
- *Villa Stotzer* (1908-1909). 6, chemin de Pouillerel.
- *Villa Jacquemet* (1908-1909). 8, chemin de Pouillerel.
- *Villa Jeanneret* (1912). 12, chemin de Pouillerel.
- *Cinéma La Scala*. 32, rue de la Senne.
- *Villa Schwob* (1916-1917). 167, rue du Doubs.

Corseaux-Vevey

- *Maison Jeanneret* «La Petite Maison» (1924-1925). 21, route de Lavaux.

Genève

- *Immeuble Clarté* (1930-1932), 2 rue Saint-Laurent.

Le Locle

- *Villa Favre-Jacquot* (1912), 6, rue des Billodes.

Zurich

- *Centre Le Corbusier-Heidi Weber* (1963-1967). Höschgasse.

Tunisie

Carthage

- *Villa Baizeau* (1928-1931), Sainte-Monique.

Russie

Moscou

- *Centrosoyuz* (Office central des statistiques) (1929-1935), rue Miasnitzkaya N 35/41.

* * *

En 1977, vingt-deux ans après la mort de Le Corbusier, un pavillon a été construit à Bologne sur les plans du Pavillon de l'esprit nouveau *de l'exposition de 1925, démoli immédiatement à la fin de cette manifestation.*

Italie

Bologne

- *Pavillon de l'esprit nouveau* (1925, reconstruit en 1977 sous la direction de J. Oubrerie et G. Gresleri).

OUVRAGES DE LE CORBUSIER

- *Etude sur le mouvement d'art décoratif en Allemagne*, Haefeli & Cie, La Chaux-de-Fonds, 1912.
- *Après le cubisme* (avec A. Ozenfant), Commentaires, Paris, 1918 (rééd. Bottega d'Erasmo, Turin, 1975)
- *Vers une architecture*, Crès, Paris, 1923 (rééd. Arthaud, Paris, 1990).
- *La Peinture moderne* (avec A. Ozenfant), Crès, Paris, 1925.
- *Urbanisme*, Crès, Paris, 1925 (rééd. Arthaud, Paris, 1980).
- *L'Art décoratif d'aujourd'hui*, Crès, Paris, 1925 (rééd. Arthaud, Paris, 1980).
- *Almanach d'architecture moderne*, Crès, Paris, 1925 (rééd. Connivences, Paris, 1987).
- *Une maison, un palais*, Crès, Paris, 1928 (rééd. Connivences, Paris, 1989).
- *Précisions sur un état présent de l'architecture et de l'urbanisme*, Crès, Paris, 1930 (rééd. Vincent Fréal, Paris, 1960).
- *1er Clavier de couleurs*, Salubra, Bâle, 1931.
- *Aircraft*, The Studio, Londres, 1935, Trefoil/Adam Biro, Paris, 1987.
- *La Ville radieuse*, L'Architecture d'aujourd'hui, Boulogne, 1935 (rééd Vincent Fréal, Paris, 1964).
- *Quand les cathédrales étaient blanches... Voyage au pays des timides*, Plon, Paris, 1937 (rééd Denoël Gonthier, Paris, 1977).
- *Des canons? Des munitions? Merci, des logis S.V.P.*, L'Architecture d'aujourd'hui, Boulogne, 1938.
- *Destin de Paris*, Sorlot, Paris-Clermont-Ferrand, 1941.
- *Sur les quatre routes*, NRF Gallimard, Paris, 1941 (rééd. Denoël Gonthier, Paris, 1970).
- *La Maison des hommes* (avec F. de Pierrefeu), Plon, Paris, 1942 (rééd. Palatine, Genève, 1965).
- *La Charte d'Athènes*, Plon, Paris, 1943 (rééd. Le Seuil, Paris, 1971).
- *Entretien avec les étudiants des écoles d'architecture*, Denoël, Paris, 1943 (rééd. Editions de Minuit, Paris, 1957 et rééd. avec *La Charte d'Athènes*, Le Seuil, Paris, 1971).
- *Les Trois Etablissements humains* (en collaboration), Denoël, Paris, 1945 (rééd. sous le titre *L'Urbanisme des trois établissements humains*, Editions de Minuit, collection «Forces vives», Paris, 1959).
- *Manière de penser l'urbanisme*, L'Architecture d'aujourd'hui, Boulogne, 1946 (rééd. Denoël Gonthier, Paris, 1977).
- *Le Modulor*, L'Architecture d'aujourd'hui, Boulogne, 1950 (rééd. 1991).
- *Poésie sur Alger*, Falaize, Paris, 1950 (rééd. Connivences, Paris, 1989).
- *Une petite maison*, Girsberger, Zurich, 1954 (rééd. Artémis, Zurich, 1987).
- *Le Poème de l'angle droit*, Tériade, Paris, 1955 (rééd. Fondation Le Corbusier/Connivences, Paris, 1989).
- *Modulor 2. la Parole est aux usagers*, L'Architecture d'aujourd'hui, Paris, 1955 (rééd. 1991).
- *L'Urbanisme est une clef*, Editions Forces vives, Paris, 1955 (rééd. 1966).
- *Les Plans de Paris*, Editions de Minuit, Paris, 1956.
- *2e clavier de couleurs*, Salubra, Bâle, 1959.
- *L'Atelier de la recherche patiente*, Vincent Fréal, Paris, 1960.
- *Le Voyage d'Orient*, Editions Forces vives, Paris, 1966 (rééd. Parenthèses, Marseille, 1987).
- *Le Corbusier dessins*, Editions Forces vives, Paris, 1968.
- *Voyage d'Orient. Carnets*, Electa/Le Moniteur/Fondation Le Corbusier, Milan, 1987.
- *Mise au point*, Editions Forces vives, Paris, 1966 (rééd. Archigraphie, Genève, 1987).
- *Le Corbusier. Carnets*, The Architectural History Foundation, New York, 1981-1982; Herscher/Dessain et Tolra, Paris, 1981-1982.

Œuvre complète
- *1910-1965*, Artémis, Zurich, 1967 (rééd. 1991).
- *1910-1929*, Girsberger, Zurich, 1929 (rééd. Artémis, Zurich, 1991).
- *1929-1934*, Girsberger, Zurich, 1935 (rééd. Artémis, Zurich, 1991).
- *1934-1938*, Girsberger, Zurich, 1939 (rééd. Artémis, Zurich, 1991).
- *1938-1946*, Girsberger, Zurich, 1947 (rééd. Artémis, Zurich, 1991).
- *1946-1952*, Girsberger, Zurich, 1953 (rééd. Artémis, Zurich, 1991).
- *1952-1957*, Girsberger, Zurich, 1957 (rééd. Artémis, Zurich, 1991).
- *1957-1965*, Artémis, Zurich, 1965 (rééd. 1991).
- *1965-1969*, Artémis, Zurich, 1970 (rééd. 1991).

BIBLIOGRAPHIE

- Maurice Besset, *Qui était Le Corbusier*, Skira, Genève, 1968.
- Maurice Besset, *Le Corbusier*, Skira, Genève, 1987.
- Tim Benton, *Les Villas de Le Corbusier 1920-1930*, Philippe Sers, Paris, 1984.
- Philippe Boudon, *Pessac de Le Corbusier*, Dunod, Paris, 1969 (rééd. Bordas, Paris, 1985).
- Bruno Chiambretto, *Le Corbusier à Cap-Martin*, Parenthèses, Marseille, 1988.
- Françoise Choay, *Le Corbusier*, Braziller, New York, 1960.
- Sergio Ferro, *Le Corbusier. Le Couvent de La Tourette*, Parenthèses, Marseille, 1987.
- Françoise de Franclieu, *Le Corbusier-Savina : sculptures et dessins* (introduction), Fondation Le Corbusier/Philippe Sers, Paris, 1984.
- Jean Jenger, *Le Corbusier. Un autre regard*, Connivences, Paris, 1990.
- Pierre Joly, *Le Corbusier à Paris*, La Manufacture/Lyon et Délégation à l'action culturelle de la ville de Paris, 1987.
- Jacques Lucan (sous la direction de), *Le Corbusier. Une encyclopédie*, Centre Georges-Pompidou, Paris, 1987.
- Martine Mathias et Annick Davy, *Le Corbusier œuvre tissée*, Philippe Sers, Paris, 1987.
- Gérard Monnier, *Le Corbusier. Qui suis-je?*, La Manufacture, Lyon, 1986 (rééd. La Manufacture, Besançon, 1992).
- Danièle Pauly, *Ronchamp, lecture d'une architecture*, Ophrys, Paris, 1980 (rééd. Université de Strasbourg, 1987).
- Jean Petit, *Le Livre de Ronchamp*, Editions de Minuit, Paris, 1961.
- Jean Petit, *Un couvent de Le Corbusier*, Editions de Minuit, Paris, 1961.
- Jean Petit, *Le Corbusier parle*, Editions Forces vives, Paris, 1967.
- Jean Petit, *Le Corbusier lui-même*, Rousseau, Genève, 1970.
- Gilles Ragot et Mathilde Dion, *Le Corbusier en France. Réalisations et projets*, Electa/ Le Moniteur, Paris, 1987 (rééd. 1992).
- Jacques Sbriglio, *Le Corbusier. L'Unité d'habitation de Marseille*, Parenthèses, Marseille, 1992.
- Paul V. Turner, *La Formation de Le Corbusier*, Macula, Paris, 1987.
- Stanislaus von Moos, *Le Corbusier l'architecte et son mythe*, Horizon de France, Paris, 1971.
- André Wogenscky, *Les Mains de Le Corbusier*, Editions de Grenelle, Paris, 1987.

TABLE DES ILLUSTRATIONS

FLC : documents, photographies, et œuvres – dessinées, peintes, sculptées, tissées…– conservés par la Fondation Le Corbusier, Paris.

COUVERTURE

1er plat *Modulor*, lithographie, 1956, FLC.
4e plat *Villa La Roche*, Paris.
Dos *Unité d'habitation de Marseille*, maquette d'étude de structure, 1946, FLC.

OUVERTURE

1 à 7 Lithographies tirées du *Poème de l'angle droit*, 1955.
9 Ronchamp, *Chapelle Notre-Dame-du-Haut.*

CHAPITRE I

10 *Paysage du Jura* (détail), gouache, vers 1905, FLC (2204).
11 *Corbeau*, dessin, FLC.
12h Montre gravée, 1902-1903, FLC.
12b Dans le Jura avec Léon Perrin, photographie, FLC.
13h *Fleurs et feuilles*, aquarelle, 1905 ou 1906, FLC (2206).
13b Avec son frère Albert et leurs parents, photographie, 1889, FLC.
14h Ch. L'Eplattenier, photographie.
14b *Villa Fallet*, photographie, vers 1907, FLC.
15 *Sienne, il Duomo*, aquarelle, 1907, FLC (6055).
16 *Fiesole*, aquarelle, 1907, FLC (2856).
17h *Chartreuse d'Éma*, près de Florence, dessin, 1907, FLC.
17b *Château Le Burg à Nuremberg*, 1908, aquarelle, FLC (2031).
18 *Auguste Perret*, dessin, 1924, FLC (2453).
19 Auguste Perret, *Immeuble 25bis, rue Franklin*, Paris, 1903.

CHAPITRE II

20 *Autoportrait*, aquarelle, 1917, FLC (5131).
21 *Coquillage*, dessin, 1932, FLC.

22 *Villa Jacquemet*, dessins et photographie, vers 1910, FLC.
23 *Villa Stotzer*, dessins et photographie, vers 1910, FLC.
24h *Maison rurale*, dessin, s.d., FLC (6082).
24b *Tarnovo*, Bulgarie, dessin, 1911, FLC (2496).
24/25 Au Parthénon, photographie, 1911, FLC.
25 *Itinéraire du voyage d'Orient*, dessin, 1911, FLC.
26/27 *Le Parthénon* et *Istamboul*, dessins du voyage d'Orient (détails), 1908 et 1911, FLC (2454, 1784, carnet n° 3, 1911, 2384, 1941, 6111).
28 *Villa Favre-Jacot*, photographies, FLC.
29 *Villa Jeanneret*, photographie, FLC.
30/31 *Villa Schwob*, détail de plan et photographies, FLC.
32/33 *Groupe de maisons en série sur le principe Dom-ino*, dessin, 1915, FLC (1931).
32b *L'ossature Dom-ino*, dessin, 1914, FLC (19209).
33b Avec Albert et leurs parents, à La Chaux-de-Fonds, vers 1918, photographie, FLC.

CHAPITRE III

34 *Villa La Roche*, Paris.
35 *Main*, dessin, FLC.
36/37 *Maisons en série*, 1919, in *Vers une architecture*.
36b *Maison Loucheur*, *Maison d'artiste* et la *Ferme radieuse*, dessins, 1929, 1922 et 1938, FLC (18253, 30198, 28619).
37b Avec Yvonne, photographie, vers 1935, FLC.
38 *La cheminée*, peinture, 1918, FLC (134).
39h *Trois Bouteilles*, peinture, 1926, FLC (144).
39b Avec A. Ozenfant et Albert Jeanneret, photographie, vers 1918, FLC.
40g *Coquillage*, dessin, 1932, FLC.
40d *Fernand Léger*, dessin, s.d., FLC (4798).
41 *Autoportrait nu avec Yvonne*, dessin, s.d., FLC (4796).
42 *Deux femmes assises avec colliers*, peinture, vers 1929, FLC (89).
43h *La Dame au chat et à la théière*, peinture, 1928, FLC (85).
43b *Pêcheuse d'Arcachon*, peinture, 1932, FLC (239).
44 Page extraite de *Vers une architecture*.
44/45 Détail du n° 1 de la revue *L'Esprit nouveau*, 1920.
46h *Immeuble-villas*, dessin, 1922, FLC (19083).
46b *Maison Citrohan*, dessin, 1922, FLC (20709).
47h *Pavillon de l'Esprit nouveau*, Paris, 1925, photographie, FLC.
47b Aménagement du séjour du *Pavillon de l'Esprit nouveau*, photographie, 1925, FLC.
48 *Plan de Paris*, 1937, FLC.
48/49 *Plan pour une ville de trois millions d'habitants*, maquette, 1922.
49 *Changer la ville*, croquis de conférence, 1929, FLC (32088).
50 *Villa Church*, dessin, 1928, FLC (8076).
50/51 *Villa Stein*, photographie, FLC.
51 *Villa Church*, photographie, FLC.
52 *Villa La Roche*, galerie, photographie, FLC.
53 *Villa Jeanneret*, salon, photographie, FLC.
54/55 *Villa Savoye*, dessins (31522 et 19425) et photographies, FLC.
56g *Deux Hommes sur un chantier*, dessin, s.d., FLC (4921).
56d *L'Ingénieur et l'architecte*, dessin, s.d., FLC (5543).
57h *A Rio avec Joséphine Baker*, dessin, 1935, FLC (B4-239).
57b *Maison-type Frugès*, maquette, FLC.
58 Inauguration de la cité Frugès à Pessac, photographie, 1926, FLC.
59h Le Corbusier et Yvonne à Pessac, photographie, FLC.
59b *La Petite Maison*, Corseaux, dessin, FLC (4897).
60/61h *Palais de la SDN*, Genève, projet.
60/61b *Palais des Soviets*, Moscou, maquette.
62 *Cité de refuge de l'Armée du salut*, Paris, photographie, FLC.
63 *Pavillon Suisse*, Cité universitaire, Paris, dessin, 1930, FLC (15356).
64 *Immeuble Molitor*, photographie, FLC.
64b *Pavillon Suisse*, Cité universitaire, Paris, pilotis, photographie, FLC.
65 Plan masse de la cité du Weissenhof.
66h Peter Behrens, *Usine AEG*, Berlin, 1913.
66m Frank Lloyd Wright, *Robie House*, Chicago, 1906-1909, dessin.
66b William Le Baron Jenney, *Second Leiter Building*, Chicago, 1891-1892.
67 *Villa Stein*, plan libre au premier étage, photographie, FLC.
68g *Fauteuil*, dessin, FLC (cahier p. 35).
68d Avec Charlotte Perriand, 1927, photographie.
68/69 *Villa Church*, bibliothèque.
70 Page extraite de *L'Esprit nouveau*, n° 20, 1924.
70/71 *Voiture-maximum*, dessin, 1928, FLC (22994).
71 Photographie de groupe lors du premier CIAM, 1928, Archives des CIAM.

CHAPITRE IV

72 *Unité d'habitation*, Marseille.

CHAPITRE V

TÉMOIGNAGES ET DOCUMENTS

INDEX

R - S - T

U - V

W - X

CRÉDITS PHOTOGRAPHIQUES

A l'exception des documents dont le crédit photographique suit, les droits de reproduction de l'ensemble de la documentation de cet ouvrage appartiennent à la Fondation Le Corbusier (© Spadem, 1993). D. R. 9, 14h, 19, 66, 71. Charlotte Perriand 68d, 134/135, 136, 137. André Wogenscky 72, 78/79, 81, 84, 85, 86h, 98, 100, 101b, 103, 109b, 111b, 112.

REMERCIEMENTS

L'auteur remercie tous ceux qui l'ont aidé à mieux comprendre la vie et l'œuvre de Le Corbusier et plus particulièrement Roger Aujame, Michel Bataille, Maurice Besset, l'abbé Bolle Reddat, Françoise de Franclieu, Giuliano Gresleri, Maurice Jardot, Charlotte Perriand, Robert Rebutato, Rolland Simounet, Evelyne Tréhin et André Wogenscky. Sa reconnaissance s'adresse aussi à la mémoire d'Eugène Claudius-Petit, François Mathey et Jean Prouvé.
Les Editions Gallimard et l'auteur expriment à la Fondation Le Corbusier, et tout spécialement à Evelyne Tréhin et Holy Raveloarisoa, leur reconnaissance pour l'aide qu'elles ont apportée à la réalisation de ce livre.
Les Editions Gallimard remercient Bernard Piens de sa précieuse contribution à la recherche iconographique.

COLLABORATEURS EXTÉRIEURS

Catherine Schubert a réalisé la maquette de l'ouvrage et Dominique Guillaumin, celle des Témoignages et Documents.

Table des matières